Conversación en Princeton
con Rubén Gallo

Mario Vargas Llosa

Conversación en Princeton

con Rubén Gallo

Primera edición: septiembre de 2017

© 2017, Mario Vargas Llosa
© 2017, Rubén Gallo
© 2017, Penguin Random House Grupo Editorial, S. A. U.
Travessera de Gràcia, 47-49. 08021 Barcelona

Printed in Spain – Impreso en España

ISBN: 978-84-204-3178-9
Depósito legal: B-14393-2017

Compuesto en MT Color & Diseño, S. L.
Impreso en Unigraf, Móstoles (Madrid)

AL31789

Penguin
Random House
Grupo Editorial

Índice

Introducción:
Mario Vargas Llosa en Princeton

Conocí a Mario Vargas Llosa un 10 de octubre, hace exactamente diez años, en Princeton. Peter Dougherty, el director de la editorial universitaria, me había escrito para invitarme a un breve encuentro: «Princeton está por publicar el ensayo de Mario sobre *Los Miserables* y él vendrá aquí mañana para hablar de su libro con nuestro equipo de ventas», me decía en su mensaje.

Acudí a la cita, que se celebró en un salón de clases de la Universidad, y allí estaba Mario, de saco y corbata, rodeado de todo el equipo de ventas de la editorial: hombres y mujeres de treinta, cuarenta años —americanos todos—, con esa timidez típica del medio universitario. Nunca miraban a los ojos, hablaban y se movían con un gran nerviosismo, como si no supieran cómo comportarse ni qué tipo de preguntas debían hacer.

Mario, en cambio, proyectaba esa amabilidad y cordialidad que lo acompaña a todas partes. Se sentía en casa y hablaba con los agentes de ventas como si fueran viejos amigos. Cuando empezó a contar la historia del libro, su expresión y su voz iluminaron la sala.

«Imaginen nada más —dijo Mario—. Victor Hugo fue un hombre que llegó virgen al matrimonio. Nunca antes había estado con una mujer. Cosa que en esa época era algo muy raro para un hombre. ¡Era virgen!».

La incomodidad de los agentes de ventas incrementó considerablemente. Tomaban notas en unas libretas de papel amarillo con rayas y hacían todo lo posible por no mirar a Mario mientras hablaba.

«Pero entonces —continuó Mario— ocurrió algo insólito. Durante la noche de bodas, Victor Hugo disfrutó tanto esa nueva experiencia que hizo el amor con su mujer siete veces».

Los agentes de ventas no despegaban la vista de sus apuntes y escribían más rápido.

«Siete veces. No una ni dos veces, sino siete. Siete veces en una sola noche. ¿Ustedes se imaginan la energía que se necesita para eso? Y ya no era un hombre joven. ¡Siete veces!»

Los agentes de ventas se ruborizaban mientras seguían anotando a toda velocidad. Una mujer se puso tan roja que temí que su cara fuera a explotar.

Cuando Mario terminó de contar la vida de Victor Hugo —su matrimonio, sus historias de amor, sus problemas políticos, su exilio en una isla del canal de la Mancha—, el director anunció que quedaban unos minutos para preguntas.

Después de un silencio largo, la mujer que se había puesto roja y que ahora recobraba un color menos violento preguntó:

«¿Cuál es la clasificación de ese libro? ¿Biografía o ensayo? Es muy importante especificarlo para determinar la ubicación en librerías.»

Mientras hacía su pregunta, yo la miraba y recordaba las palabras de Mario: «¡Siete veces! ¡Siete veces!».

Mario le dio una respuesta que pareció tranquilizarla y que ella apuntó cuidadosamente en su libreta amarilla.

Poco tiempo después, Shirley Tilghman, la rectora de la Universidad, me nombró director del Programa de Estudios Latinoamericanos. Acepté y mi primer proyecto fue invitar a Mario a que pasara un semestre con nosotros. Él ya había sido profesor invitado en Princeton —y en muchas otras universidades de Estados Unidos y del mundo— pero no había vuelto desde principios de los noventa, justo después de su campaña presidencial en el Perú.

En Princeton, además, estaba el archivo de Mario. En los años noventa la biblioteca de la Universidad había comprado su correspondencia, los borradores de sus novelas y muchos otros documentos que ahora llenan trescientas sesenta y dos cajas y que han sido consultados por centenares de investigadores de todo el mundo.

Mario aceptó la invitación y desde entonces ha pasado tres semestres con nosotros como profesor invitado. En una de esas visitas —era el otoño de 2010 y los árboles del campus estaban al rojo vivo—, dictó un seminario sobre los ensayos de Borges y otro sobre la novela latinoamericana.

El semestre avanzaba con su ritmo habitual —los seminarios, las cenas con colegas, los viajes a Nueva York, en donde vivimos muchos de los profesores de Princeton— cuando un día de octubre, por la madrugada, me despertó un timbrazo.

Descolgué el teléfono medio dormido.

«Buenos días. Disculpe que lo moleste tan temprano. Soy Mary, de la oficina de Premios Nobel de Princeton.»

Aún no lograba despertarme del todo. ¿Oficina de Premios Nobel?, pensé. No sabía de la existencia de esa oficina.

«Necesitamos localizar urgentemente a Mario Vargas Llosa», me dijo la voz de mujer.

Desperté de golpe cuando até los cabos de esas palabras —«Premio Nobel» y «Mario Vargas Llosa»— usadas en una misma frase.

Salté de la cama, me duché y vestí como pude y a los cinco minutos ya estaba en el metro, rumbo a la calle 57, donde Mario había alquilado un apartamento a unos pasos de Central Park.

Al llegar a su edificio me topé con una muchedumbre de periodistas y curiosos, armados de cámaras de televisión y micrófonos, que se amontonaba frente a la puerta.

Del otro lado de la acera había una florería y entré para comprar un arreglo.

«Claro que sí —me dijo la encargada de la florería—. ¿Qué ocasión vamos a celebrar? ¿Un cumpleaños? ¿Una boda?».

«Un Premio Nobel», le respondí.

Logré —con el arreglo floral a cuestas— abrirme camino entre las multitudes de periodistas, entrar al lobby del edificio, tomar uno de los elevadores y llegar hasta el departamento de Mario. Se abrió la puerta y allí me encontré con otra pequeña muchedumbre: más cámaras de televisión, micrófonos y reporteros que recorrían la sala del apartamento de un extremo a otro. Todos los teléfonos —el interfono, los fijos, los celulares de los visitantes— sonaban al mismo tiempo y no había quien tuviera manos suficientes para responder a todos esos aparatos.

«Rubén», escuché que me llamaban y en eso apareció Mario, impecable y con una serenidad inmutable en medio de aquel barullo babilónico.

«Imagínate —me dijo—. Los de la Academia Sueca se comunicaron antes de las seis de la mañana. Yo estaba leyendo en el sofá. Patricia atendió la llamada y se puso pálida antes de pasarme el teléfono. Me asusté mucho al verla y lo primero que pensé fue: una muerte en la familia. Tomé el auricular y un señor muy correcto me dijo que era de la Academia Sueca, que me habían dado el Premio Nobel y que en cinco minutos harían pública la noticia. Me dijo que si quería hablar con alguien lo hiciera en ese momento porque después ya no podría. Colgué y me quedé pensando, aquí en el sofá, en lo que esto significaba. Y a los cinco minutos, como me habían advertido, comenzó el vendaval. No alcancé a llamar a nadie».

«Mario, estamos listos para rodar», dijo el camarógrafo de la Televisión Española.

El vendaval del Nobel llegó hasta Princeton. No pasaba un día sin que se aparecieran periodistas de todas partes del mundo que entraban, como Pedro por su casa, al campus de la Universidad y se metían hasta los salones de clase en donde Mario impartía su seminario.

Por suerte Rose, la administradora del programa, era una puertorriqueña imponente que se convirtió, de la noche a la mañana, en guardaespaldas de Mario. «El *dotol Vaga* Llosa no *etá* disponible», gruñía cuando un intruso se acercaba a la oficina.

Además de las visitas oportunas, los teléfonos de la oficina no paraban de sonar, ni el fax de lanzar páginas y más páginas. El cartero de la Universidad tuvo que conseguir un carrito de supermercado para entregar los kilos de cartas y paquetes que llegaban a diario.

Los faxes y las cartas contenían los pedidos más inverosímiles del mundo. Mario se divertía como niño leyendo aquellas peticiones disparatadas y desde su oficina escuchábamos sus carcajadas:

«Rose. Ven un momento para que leas esta carta», decía Mario.

En un fax —ilustrado con gráficas y tablas numéricas—, el dueño de una fábrica de helados en Ayacucho, Perú, trataba a Mario de «ilustre compatriota» y le contaba la maravilla de negocio que había resultado su fabriquita, con utilidades del cuatrocientos por ciento en el último año. «Es por eso —explicaba el heladero— que pensé en proponerle que invierta el dinero del Nobel en mi negocio. Eso le permitirá triplicar su capital en dos años. Me ayuda usted y lo ayudo yo».

«Rose, mira ésta», llamaba Mario desde su oficina.

Un sobre de papel kraft, con timbres de la India, venía dirigido solamente a «Mario Vargas Llosa, Nobel Prize, United States», y había llegado milagrosamente hasta la oficina de la Universidad. Dentro venía una hoja escrita con una caligrafía minuciosa y dirigida a «Dear Sir». El autor le decía a Mario que le habían otorgado el Premio Nobel por ser muy buen escritor pero también porque seguramente era un hombre muy generoso. «Y por eso —concluía el hindú— le solicito me envíe una ayuda tomada de su premio para pagar una operación de estómago que los médicos me recomiendan hace tiempo pero que no he podido hacer por falta de fondos».

No todos los pedidos llegaban por escrito. Un día se apareció por la oficina el gerente de un restaurant de moda, diciendo que quería aprovechar el Nobel para dar a conocer la comida latina entre sus clientes. Había pensado en un gran banquete de comida peruana al que estarían invitadas todas las personalidades de New Jersey. Todo eso sería presidido por Mario y «no le quitaría más de tres o cuatro horas de su tiempo: la duración del banquete».

«Al *dotol Vaga* Llosa no le gustan los banquetes», gruñó Rose mientras acompañaba al gerente a la puerta.

Cuatro días después del anuncio del Nobel, Mario había programado una conferencia, en español, que llevaría por título «Breve discurso sobre la cultura».

El día antes de la conferencia me llamó Mary, la encargada de la oficina de Premios Nobel, para recomendarme enfáticamente que pasáramos el evento al Richardson Hall, la sala de conciertos de la Universidad, un recinto con capacidad para quinientas personas.

«Pero será una conferencia en español —le dije—. Además es sobre un tema muy específico. Tenemos una sala para cien personas y no creo que la llenemos. ¿Cuántos hispanohablantes puede haber en Princeton?», le pregunté.

«Tú no sabes lo que es un Premio Nobel —me dijo Mary—. La gente quiere verlo, quiere acercarse, quiere tocarlo».

Le hicimos caso a Mary y reservamos el auditorio Richardson.

El día de la conferencia nos encontramos una muchedumbre apiñada frente a la puerta de entrada. Había quinientas personas adentro y por lo menos otras tantas que se habían quedado afuera.

En su charla —que luego fue recogida en *La civilización del espectáculo*—, Mario hacía una crítica a

Michel Foucault y su concepto de libertad, estableciendo un vínculo entre las ideas del filósofo francés y la anarquía que se vive hoy en las escuelas públicas de Francia. Era un argumento que podía leerse como un ataque frontal a la academia norteamericana, en donde la obra de Foucault seguía siendo, después de tantos años, una referencia clave para estudiantes y profesores. La discusión con el público —pensé— será intensa.

Pero todos en la sala escuchaban las palabras de Mario con sonrisas que no se desdibujaban de sus rostros. Cuando llegó el momento de abrir las preguntas al público se formó una larga cola.

«Yo soy de Iquitos —dijo, pegado al micrófono, un señor— y, aunque llevo veinte años en este país, quiero decirle que ese Premio Nobel es un honor para todos los peruanos, es un premio que pone en alto el nombre de nuestro país».

«Yo soy limeño y me dedico a la construcción —gritó, apartando el micrófono, el segundo de la fila cuando le llegó su turno— pero en mis ratos libres, pues, escribo poesía. Y yo quisiera mostrarle algunos de mis poemas, don Mario».

«Yo lloré —dijo una mujer—, lloré, Mario, cuando vi lo del Nobel en la televisión. Lloré porque para todos los peruanos es un orgullo, es lo más bello que nos podía pasar».

Cuando Mario terminó de firmar, un guardia de seguridad —un rubiecito uniformado, muy alto y muy guapo y que no parecía tener más de veinte años— nos escoltó fuera del escenario. Había demasiada gente fuera, nos dijo, y sería preferible usar la salida de los músicos, que daba a la parte trasera del edificio. De allí podíamos ir a pie hasta la calle, donde nos esperaría un coche para llevarnos al restaurant en el que habíamos quedado de vernos con la novelista Joyce Carol Oates.

Seguimos al guardia y cuando salimos por la puerta trasera escuchamos, a lo lejos, las voces de la muchedumbre congregada frente a la entrada principal. De la nada se oyó una voz que gritó «allá está» y en un segundo la marea humana llegó hasta nosotros y nos rodeó por completo. Eran cientos, miles de peruanos que atiborraban el campus mientras el rubiecito de seguridad, armado de un *walkie-talkie,* intentaba abrirnos paso.

¿De dónde habían salido todos esos peruanos que amenazaban con aplastarnos? Mario me contó que en Paterson, un pueblo de New Jersey, vivía una de las comunidades más importantes fuera del país y que eran casi cien mil.

Pues parece que esos cien mil se han dejado venir en masa hasta Princeton, pensé.

«¡Mario, Mario! Yo voté por ti», gritó uno de los peruanos mientras avanzábamos, con trabajos.

«Una foto para mi abuelita», dijo una mujer acercándose a Mario mientras su marido disparaba la cámara.

«Mario, fírmame este libro. Pon: para Maritza», decía otra chica a tiempo que le ofrecía un bolígrafo.

A pesar de los interminables pedidos de fotos y autógrafos, a los que Mario accedía mientras seguía caminando, logramos avanzar unos metros. La masa humana se volvía cada vez más espesa. A ese ritmo tardaríamos horas en llegar hasta la calle, si es que lográbamos salir sin ser aplastados.

Llegó un momento en que los peruanos de Paterson nos cerraron el paso. Decenas de manos con libros y con cámaras se extendían frente a nosotros y la gente gritaba: «¡Mario, Mario!». El rubiecito de seguridad llamó por su *walkie-talkie* para decir que no podíamos avanzar, que estábamos atrapados.

En eso Mario —que no dejaba de firmar libros y posar con los fans— tomó la delantera y se encargó de abrirnos paso entre los cien mil peruanos de Paterson. Avanzaba decidido hacia delante mientras saludaba con los ojos a los fans de un lado y de otro, pero mirando siempre hacia el frente: era como si abriera camino con la mirada. El rubiecito se había quedado atrás y seguía hablando por el *walkie-talkie*.

Cuando por fin llegamos a la calle y entramos al coche de la Universidad, el chofer arrancó y dejamos atrás a los cien mil peruanos de Paterson.

«Te asustaste», me dijo Mario.

«Pensé que nos aplastaban.»

«Era un público cariñoso pero una muchedumbre, aunque sea cariñosa, puede ser letal. Eso lo aprendí durante la campaña.»

Después del Nobel, Mario ha seguido su colaboración con Princeton. En julio de 2014 la Universidad le otorgó un doctorado *honoris causa* y un año después volvió como profesor invitado. Esta vez decidimos impartir juntos un curso sobre literatura y política en América Latina, que analizaría cómo la novela respondió a los grandes acontecimientos históricos del siglo XX.

Como parte del curso les pedí a los estudiantes que trabajaran con el archivo de Mario que tenemos en Princeton. Cada uno de ellos debía presentar ante todo el seminario los documentos que había encontrado durante su investigación. Esas presentaciones eran una de las partes más divertidas de la clase. Cada semana un estudiante tomaba la palabra, conectaba su computadora y proyectaba en una gran pantalla sus descubrimientos.

Lara Norgaard, que además de estudiar trabajaba como periodista para uno de los periódicos de la Universidad, encontró los artículos que Mario había publicado a los quince años sobre temas tan heterodoxos como la tuberculosis en Lima o la corrupción en las boticas. Mientras ella mostraba esos reportajes, Mario la escuchaba, fascinado.

«Se me había olvidado que yo escribí ese artículo», dijo.

Los estudiantes eligieron otros temas apasionantes: la correspondencia de Mario con sus traductores, su estancia en Puerto Rico a fines de los sesenta, los cambios que aparecen en los distintos borradores de la novela sobre Flora Tristán.

Un día, un estudiante proyectó la foto de una hoja escrita con una caligrafía juvenil.

«Éste es un poema de amor que Mario Vargas Llosa escribió a los doce años», dijo.

«¿Yo escribí ese poema? ¡Qué vergüenza!», exclamó nuestro invitado.

Fueron momentos muy lindos en los que los estudiantes, después de haber aprendido tanto escuchando las charlas de Mario, se aventuraban ahora a mostrarle algo —un detalle olvidado, un texto perdido— sobre su propia trayectoria: un modelo pedagógico en que la enseñanza fluía en ambas direcciones y que Mario disfrutaba con generosidad y buen humor.

Así pasamos todo el semestre: reuniéndonos con los estudiantes los martes por la tarde, escuchando las presentaciones, debatiendo sobre la dictadura de Trujillo y la Revolución cubana, sobre el *nouveau roman* y el existencialismo de Sartre.

En noviembre, casi al final del semestre, organizamos el último acto público de Mario antes de que diera por terminada su estancia y volviera a Madrid. Estaba por concluir un año terrible, que comenzó con el ataque terrorista a la revista *Charlie Hebdo* en París y se cerraba con los atentados al Bataclan que ocurrieron apenas unos días antes, el 13 de noviembre. Decidimos que dedicaríamos esa última conferencia al terrorismo como amenaza al tipo de trabajo intelectual —basado en el diálogo, en las ideas, en la palabra— que queríamos enseñarles a nuestros estudiantes.

Para ese encuentro invitamos también a Philippe Lançon, amigo y periodista del diario *Libération,* gran conocedor de la obra de Mario y uno de los heridos en el atentado a *Charlie Hebdo*. Philippe viajó a Princeton desde París —su primer viaje desde aquel día terrible— e hicimos un diálogo a tres voces. Nos dio un testimonio de primera mano, contando con lujo de detalle lo que vivió el día de enero en que entraron dos jóvenes armados de metralletas a la sala de redacción del periódico, y los meses que pasó después en el hospital, recuperándose de las heridas. En sus comentarios, Mario ponía ese atentado en un contexto más amplio de amenazas terroristas y recordaba que la vida intelectual es y ha sido el mejor antídoto a ese tipo de violencia.

Ese semestre pasó volando: recuerdo la última reunión con los estudiantes, los aplausos, las caras tristes, los adioses encariñados con que se despidieron de Mario.

Como siempre, la partida de Mario dejó un gran vacío en Princeton. Echamos de menos su pasión por la literatura y por las ideas, su presencia radiante, su compromiso con la política, su calidez y buen humor. Fue entonces cuando decidí seguir trabajando con todo el material que habíamos creado a lo largo del semestre —tenía cintas con horas de grabaciones, las presentaciones de los estudiantes, apuntes sobre todo lo que habíamos hecho en el seminario—. Poco a poco fue tomando forma este libro, que es un testimonio de las horas que pasamos conversando sobre literatura y política con los estudiantes. Es también una manera de hacer que la presencia de Mario siga sintiéndose en Princeton y en el mundo.

RUBÉN GALLO

1. Teorías de la novela

¿Qué es una novela y cuál es su función? Nuestra con-
versación en Princeton arrancó con un repaso de las teorías
más importantes sobre la novela, desde el realismo socia-
lista hasta el nouveau roman, *antes de profundizar en la*
experiencia del boom *y el impacto de los grandes aconte-*
cimientos políticos del siglo XX en la literatura.

RUBÉN GALLO: Quisiera comenzar este diálogo con
una reflexión sobre la novela, ese género literario que
nace durante el Renacimiento, florece en el siglo XVIII
y llega a su apogeo en el siglo XIX con figuras como
Dostoievski, Tolstoi, Balzac, Dickens y Pérez Galdós.
Ian Watt y otros historiadores han argumentado que la
novela es un género burgués, una forma literaria que no
solamente nace con la burguesía, sino que narra las aventuras de personajes burgueses. ¿Estarías de acuerdo con
esta caracterización?

MARIO VARGAS LLOSA: Es una afirmación demasiado esquemática frente a un género tan complejo y
que tiene tantas derivaciones. Me parece más preciso
decir que la novela nace cuando el eje de la vida pasa
a ser más urbano que rural. Más que a la burguesía, el
surgimiento de la novela está ligado a la ciudad. El mundo rural produce poesía pero la ciudad fomenta el
desarrollo de la narrativa. Eso ocurre prácticamente
en todo el mundo. La novela describe fundamental-

mente una experiencia ciudadana, e incluso en el género pastoril se trata de una perspectiva urbana. Cuando la vida se centra en la ciudad, el género novelesco alcanza un gran desarrollo. No nace precisamente con la ciudad, pero es en ese momento cuando la narrativa se populariza y llega a tener una aceptación muy grande.

La novela fue considerada menor dentro de los distintos géneros literarios. El que sobresalía, por supuesto, era la poesía, que fue el género creativo por excelencia. Luego, hasta fines del siglo XIX, dominó el teatro: las obras escénicas daban prestigio intelectual a un autor. Pensemos en el caso de Balzac, que se vuelve novelista porque fracasa como autor de teatro. Ahora lo consideramos uno de los grandes narradores de la historia, y sin embargo él se sintió enormemente frustrado porque fracasó como dramaturgo. Lo que daba gran prestigio era el teatro —pensemos en Shakespeare durante el Renacimiento— y ese género se consideraba una categoría intelectual superior.

Las novelas, en cambio, iban dirigidas a un público mucho más amplio que la poesía o que el teatro clásico y eran consideradas como un género popular, para las gentes menos sofisticadas e incluso incultas. De hecho, en la Edad Media, las primeras novelas se escriben para ser leídas en las calles, en las esquinas, y así llegan a un público analfabeto. Las leían los juglares y los saltimbanquis que divertían a su público con cuentos de caballerías. Fue un género menor hasta el siglo XIX, cuando empieza a cobrar relieve e importancia. Uno de los autores clave para que el género novelesco tenga gran prestigio es Victor Hugo, que ya era un gran poeta, un gran autor de teatro, cuando de pronto decide escribir novelas. *Los Miserables* le dio un prestigio extraordinario al género.

Yo asociaría la novela con la cultura urbana más que con la burguesía. El concepto de burguesía es un concepto muy ceñido, muy reducido, y los orígenes de la novela son mucho más populares. Cuando la burguesía apenas está naciendo, se escriben unas novelas que llegan al gran público, a un público que en muchos casos no lee, sino que escucha los relatos contados por cómicos ambulantes.

SARTRE Y EL *NOUVEAU ROMAN*

RG: Cuando tú empiezas a escribir en los años cincuenta, hay varios modelos de lo que puede ser una novela: por un lado está Robbe-Grillet con su idea de la nueva novela, el *nouveau roman,* que se propone romper con el modelo realista y experimentar con nuevas maneras de narrar. Por otra parte está el existencialismo de Sartre, que propone una visión politizada de la narrativa. Desde muy joven tú te identificaste con él y no con los autores experimentales que seguían a Robbe-Grillet. ¿Cómo llegó hasta el Perú este debate sobre la novela y por qué eliges el modelo sartreano?

MVLL: El periodo entre las guerras mundiales genera una literatura muy comprometida con la política: hay una politización enorme en toda Europa. Y la literatura que resulta de esa politización tan generalizada está muy vinculada a la problemática social. Y antes de que surja el *nouveau roman* de Robbe-Grillet hay ya dos tendencias: por un lado el realismo socialista, que considera la literatura como un arma en la lucha social contra el viejo orden, como un instrumento de cambio y como un vehículo para la revolución. Los marxistas y los comunistas defienden esta concepción de la literatura: un realismo que debe educar políticamente a las masas y empujarlas hacia el socialismo y hacia la acción revolucionaria. Y frente a esta escuela surge otra tendencia, defendida por Sartre y por otros grandes escritores como Camus, que dicen: «Sí, pero la literatura no puede ser pedagógica, la literatura no puede ser un instrumento de propaganda política porque eso mata la creatividad, la literatura tiene que desbordar lo puramente político y abarcar otras experiencias humanas». Y así surge la tesis de Sartre, que tiene una enorme influencia en el mundo entero, de Europa a América Latina. Mi generación, en especial, quedó muy marcada por las ideas de Sartre sobre la novela.

Cuando leí el segundo tomo de *Situaciones* de Sartre, que se titula *¿Qué es la literatura?*, quedé deslumbrado con sus ideas. Para un joven con vocación literaria en un país subdesarrollado como era el Perú en esos años, las ideas de Sartre eran muy estimulantes. Muchos escritores del Perú, de América Latina, del tercer mundo, se preguntaban si en sus países —asolados por problemas terribles como son los altísimos porcentajes de analfabetismo, las enormes desigualdades económicas— tenía sentido hacer literatura. En su ensayo, Sartre respondía: «Desde luego que tiene sentido hacer literatura, porque la literatura puede ser, además de algo que produce placer, que estimula la imaginación, que enriquece la sensibilidad, puede ser una manera de hacer tomar conciencia de la problemática social al público lector y al gran público en general».

La problemática social puede tener muchísimo mayor impacto cuando llega a los lectores a través de una historia que conmueve y que apela no sólo a la razón, sino también a los sentimientos, a las emociones, a los instintos, a las pasiones, mostrando de una manera mucho más vívida que un ensayo lo que significan la pobreza, la explotación, la marginación, las desigualdades sociales. En una novela, un problema social —pongamos el ejemplo de alguien que por pertenecer a determinado sector social tiene cerradas las puertas de la educación y del progreso económico— puede tener un impacto en el lector sin necesidad de hacer de la literatura una pura propaganda, una pura pedagogía política. Y las tesis de Sartre resultaban muy estimulantes: uno pensaba que sí, que sí tenía sentido escribir novelas en un país subdesarrollado, porque la novela era no solamente una manera de materializar una vocación, sino también una forma de contribuir a la lucha social, a la lucha del bien contra el mal desde el punto de vista ético.

Las tesis de Sartre fueron muy populares en el mundo entero. Parecían mucho más sutiles, mucho mejor fundamentadas que el realismo socialista y abrían la posibilidad de incorporar a la literatura no sólo a los escritores abiertamente políticos, sino también a aquellos que por instinto, por sensibilidad, habían expresado en sus novelas, a través de su creatividad, la problemática social.

Luego viene, a partir de los fines de los años cincuenta, el *nouveau roman,* una reacción muy fuerte contra la noción de un arte comprometido socialmente.

Robbe-Grillet dice: «No, la novela no tiene que educar políticamente a nadie; la novela es fundamentalmente un arte». Este escritor opinó que en la «literatura social» había cada vez menos literatura y más política, como propone en esos manifiestos tan entretenidos, que de hecho son mucho más interesantes que sus novelas, que tienden a ser aburridas. *Pour un nouveau roman*, en cambio, es un libro muy divertido que se burla de los escritores que escriben novelas sociales. Robbe-Grillet propone un arte experimental que juega con la estructura narrativa y con el punto de vista, que cuida muchísimo el lenguaje, y que explota sus posibilidades para crear situaciones de gran incertidumbre. En este sentido, la novela más lograda de Robbe-Grillet es *La jalousie* —*La celosía*—: alguien narra, pero no sabemos exactamente lo que pasa. Alguien mira a una mujer que deambula y lo único que sabe a ciencia cierta el lector es que hay un elemento de celos detrás de esa observación maniática constante. Nunca descubrimos quién es ese narrador que no es nada más que una visión obsesiva, maniática, de un personaje que nunca habla, que sólo se mueve y sigue a la mujer. Es un experimento fascinante, que rompe con la mejor tradición de la novela. Las grandes novelas han tratado de abarcar siempre múltiples sectores de realidad y múltiples experiencias: son grandes novelas por su calidad literaria pero también porque cuentan muchas cosas y narran muchas experiencias para retratar a un individuo entreverado con esa masa que es la sociedad.

Nathalie Sarraute, que perteneció junto con Robbe-Grillet al movimiento de la nueva novela, publicó un librito llamado *Tropismos* que describe a sus personajes como si fueran flores, moviéndose en función del sol, buscando la luz o la humedad. En lugar de humanos aparecen esos seres absolutamente elementales, primarios, que se mueven por pulsiones y vegetan como plantas. En ellos se ha abolido todo lo que es razonamiento: son sólo movimiento, olores y sabores. Estas novelas experimentales se apartan totalmente de la preocupación sociopolítica para afirmar que la literatura es antes que nada un arte, una construcción textual que genera placer estético y que no puede subordinarse a preocupaciones ajenas a lo literario. Esta escuela tuvo mucho eco en su momento pero luego envejeció muy mal. Yo creo que hoy la mayor parte de los miembros del *nouveau roman* apenas tienen lectores. Robbe-Grillet, Nathalie Sarraute o Claude Simon son muy poco leídos, aunque desde el punto de vista experimental sí empujaron la novela. Se discutió mucho al respecto en todo el mundo y se volvió un tema politizado.

LOS EFECTOS DEL TIEMPO SOBRE LA NOVELA

RG: En tu opinión, ni las novelas de Sartre ni las del *nouveau roman* han sobrevivido a la prueba del tiempo: hoy en día sería difícil que encontraran lectores. ¿Puedes hablar de los efectos del tiempo sobre las novelas? ¿Qué hace que una novela de Sartre haya tenido tanto éxito en los años sesenta y que hoy haya caído en el olvido?

MVLL: Los libros cambian con los tiempos. Con la evolución de la vida cotidiana, los libros se ven desde otra perspectiva y pueden llegar a cambiar de una manera muy profunda. Hay libros que en su momento parecieron cómicos y con el tiempo dejan de serlo: el *Quijote*, por ejemplo, se leyó como un libro de humor en su tiempo, pero hoy lo leemos como un clásico, como una obra muy seria. Aunque haya humor, hoy vemos en el *Quijote* un testimonio muy importante —histórico, sociológico y antropológico— de la cultura de su época. Eso prevalece sobre el humor que los lectores contemporáneos apreciaron en el *Quijote*.

Ahora, la pregunta es: cuando un libro se vuelve universal ¿pierde su especificidad? Es decir, ¿pierde las características locales, el color que le da el ser un libro muy representativo de un lugar, de unas ciertas costumbres, de un cierto paisaje, de una cierta idiosincrasia? Yo creo que los grandes libros pueden perder algo de esta especificidad con el paso del tiempo, pero también ganan algo: por eso logran mantener sus lectores a través de los siglos. Esos libros son capaces de mostrar, más allá del color local —de lo pintoresco, típico o folclórico—, ciertas características de lo humano con las que se pueden identificar gentes de culturas muy distintas. Es lo que nos pasa al leer novelas de Faulkner, de Victor Hugo, de Dostoievski o de Tolstoi. Son obras de culturas muy diversas, escritas en épocas distintas y, sin embargo, los lectores de hoy se identifican fácilmente con esos personajes porque, a pesar de la diferencia en sus costumbres o en su vestimenta, viven experiencias que son perfectamente comprensibles para nosotros. De hecho, las experiencias que encontramos en esas novelas nos hacen entender mejor nuestra propia realidad.

Así que ¿qué pierde una novela con el paso del tiempo? Pierde la especificidad del testimonio, el color local, lo folclórico. Pero si se trata de una gran novela, narra experiencias humanas compartidas por gentes de muy distintas condiciones y culturas, y eso es lo que le da universalidad.

Lo que resulta difícil es saber desde un primer momento si esa obra pasará la prueba del tiempo. Hay autores que escriben para los lectores de su época y creen que su trabajo no va a sobrevivir. Pero es muy difícil, tratándose de obras de una cierta calidad, determinar cuáles de entre ellos perdurarán. Depende también del tipo de sociedad que existirá en el futuro. Un autor que en su momento pasó casi desapercibido, como Kafka, puede cobrar una enorme actualidad con los años porque su problemática —que en su momento parecía tan poco realista, tan inusitada— de repente refleja la experiencia de los lectores. Kafka imaginó un mundo de miedo, de inseguridad, de pánico, de terror. Veinte o treinta años después de su muerte, ése fue el mundo en el que vivió Europa, sobre todo la Europa del Centro y del Oriente.

La literatura es como un cuerpo vivo que se va transformando según el contexto en el que habita. Libros que pasaron desapercibidos en su tiempo de pronto cobran una enorme vigencia porque se adelantaron y describieron experiencias que los lectores sólo identificarían después, con la evolución de la historia, de la economía y de la cultura en general. Pero si una obra literaria no es universal, si no puede ser leída por lectores de otras culturas y de otros tiempos, esa obra pasa a ser un documento antropológico o sociológico de la época en que se escribió.

RG: Encontramos un ejemplo de literatura que ha pasado la prueba de fuego del tiempo en las novelas del *boom*. *Conversación en La Catedral, Cien años de soledad, Rayuela* siguen encontrando lectores más de medio siglo después de su publicación. ¿Por qué estas obras del *boom* han mantenido su vigencia?

MVLL: Quizá porque los escritores latinoamericanos de mi generación tienen una visión menos provinciana y más cosmopolita. Prácticamente toda la generación del *boom* vivió fuera. Carpentier pasó buena parte de su vida en Francia y después en Venezuela, lejos de Cuba. Carlos Fuentes vivía en México pero también tenía casa en Londres, hablaba idiomas y viajaba constantemente. Cortázar salió de la Argentina en 1951 y desde entonces vivió en Francia. Borges podría ser la excepción: de joven había vivido muchos años en Suiza pero después pasó casi toda su vida en Buenos Aires, aunque se le acusaba de ser un cosmopolita evadido de la realidad nacional. Onetti vivió fuera del Uruguay, en Buenos Aires. Roa Bastos, el paraguayo, se exilió en Argentina y en Europa. Donoso estudió en Estados Unidos, aquí en Princeton, y luego estuvo en Europa. Otra de las pocas excepciones es Rulfo, que nunca salió de México.

Los escritores de esa generación eran muy distintos entre sí, pero la experiencia de haber vivido en el extranjero hizo que todos fueran cosmopolitas. Leyeron a escritores de distintas lenguas, de distintas corrientes, y eso les dio una visión universal de la literatura. A partir de esa generación la literatura latinoamericana se vuelve menos provinciana, menos localista.

RG: La Revolución cubana fue una inyección de adrenalina para los escritores del *boom,* tanto para los incondicionales como para los críticos del régimen. Nunca antes se había visto un acercamiento tan intenso entre literatura y política en América Latina. ¿Qué impacto tuvo la Revolución cubana en tu pensamiento y en tu obra?

MVLL: Mi primera experiencia directa con el comunismo ocurrió en 1953, cuando participé en el Partido Comunista del Perú, que era una organización muy pequeñita que ya ni siquiera existía como partido porque el gobierno lo había arrasado con tantas represiones, expulsiones y encarcelamientos. La mayoría de los comunistas estaban en el exilio. Cuando yo entré a la universidad milité en el partido durante un año, en el grupo Cahuide, que era la reconstrucción del Partido Comunista. Éramos pocos, pero bien sectarios, muy dogmáticos, completamente estalinistas.

Me pasé ese año discutiendo en mi célula sobre la relación entre literatura y política. Yo era un gran lector de Sartre y me sentía identificado con todas sus posiciones, políticas y estéticas. Sartre estaba cerca de los comunistas, aunque tenía diferencias con ellos: aceptaba, por ejemplo, el materialismo histórico pero no el materialismo dialéctico, y tampoco aceptaba el realismo socialista. Tuve muchas discusiones con los otros miembros del partido, lo que era ridículo porque éramos tan poquitos, y había debates feroces sobre la doctrina. Yo era muy crítico del dogmatismo tan cerrado que imperaba en el partido, así que al año me aparté, aunque seguí siendo de izquierda.

Después de esa primera desilusión, me renovó el entusiasmo por la militancia, unos años después, el triunfo de la Revolución cubana. En el Perú conocí a algunos exiliados cubanos que habían estado con Fidel en el Movimiento 26 de Julio y que habían tenido que huir de la dictadura de Batista. Uno de ellos trabajaba en la radio conmigo y recuerdo que me dio mucho material sobre las cosas que estaban ocurriendo en su país en la década del cincuenta. Cuando triunfa la Revolución cubana, yo ya vivía en Europa pero hasta allá llegó esa oleada de esperanza nueva para América Latina. Creíamos que se trataba de una revolución que no iba a ser dogmática ni intolerante, que iba a ser abierta, que iba a permitir la disidencia y la libertad.

El impacto de la Revolución cubana en el mundo fue algo extraordinario. Parecía algo distinto, que no seguía las pautas tradicionales, porque no había nacido del Partido Comunista sino del Movimiento 26 de Julio. Fue una gran novedad que ese grupo de jóvenes no comunistas y antiimperialistas lograra derrotar a una dictadura militar, y prácticamente en la puerta de Estados Unidos. Había, además, un heroísmo romántico en la figura de Fidel Castro, en la lucha de los barbudos en la Sierra Maestra, y todo eso sedujo a la gente. Ese modelo de revolución intentó reproducirse en muchos países de América Latina pero fracasó en todas partes, salvo quizás en Nicaragua.

En los primeros años, prácticamente todos los intelectuales latinoamericanos estaban unidos en la defensa de la Revolución cubana. Había excepciones muy contadas: en Argentina, por ejemplo, un grupo de escritores encabezado por Victoria Ocampo, la fundadora y editora de la revista *Sur,* nunca quiso firmar manifiestos de apoyo a Cuba. Héctor Murena, un ensayista que en esa época fue muy influyente, fue otro argentino que mantuvo una posición crítica frente a la Revolución. Y Borges, desde luego, que nunca se interesó en Cuba. Pero fuera de ellos había casi una unanimidad entre los escritores latinoamericanos de izquierda, de centro o democráticos, que veían con mucha simpatía la Revolución cubana, y aunque no se identificaran totalmente con ella, coincidían en que era algo que había que defender. Representaba una nueva opción para América Latina, porque no se trataba de una revolución comunista, sino de un movimiento lanzado por los jóvenes del 26 de Julio, que parecían demócratas con ánimos reformistas muy radicales, pero demócratas a fin de cuentas.

La Revolución cubana, además, despertó un enorme interés en América Latina, incluso en escritores que no se habían interesado nunca. Uno de ellos era Cortázar, que había salido de la Argentina muy disgustado, había roto con su país para organizar toda su vida en Francia. Eso coincidió con el gran éxito de la literatura latinoamericana a partir de los años sesenta, algo que empieza a generar una serie de relaciones entre escritores de esa región que antes no se buscaban y a veces ni siquiera se conocían. De pronto se crea una especie de acercamiento, de compañerismo, de amistad entre quienes vivíamos exiliados —voluntariamente, como en mi caso y en el de Cortázar— de nuestros países.

El caso de Cortázar es el más evidente: hay como un redescubrimiento de América Latina. Cortázar no quería volver a Argentina: había vivido en Italia y en Francia y estaba muy integrado a ese mundo europeo, en donde estaban la literatura y la música —el jazz— que a él le gustaban. Cuando yo lo conocí, tenía un desinterés, casi un desprecio por la política: no le interesaba y no aceptaba siquiera hablar de política. Yo recuerdo haber querido presentarle a Juan Goytisolo, que vivía en Francia, pero me dijo: «No quiero conocerlo, porque es demasiado político para mí». Tenía organizada su vida en función de las cosas que le gustaban, que eran la literatura, la música y la pintura. Y de pronto, acepta un viaje a Cuba y a partir de ese momento cambia completamente su manera de ser. Se produce la más extraordinaria transformación que he visto yo de una persona. Se apasiona por la región y por la política. Se vuelve militante y revolucionario. América Latina pasa a ser una preocupación central de su vida, empieza a viajar por todos los países. Descubre la política a los sesenta años, es decir, a una edad en que la mayoría de la gente se desencanta con la militancia. Hasta entonces él se había creado un mundo completamente privado, personal, que además resguardaba muchísimo, porque muy pocas personas tenían acceso a él. Y cambia de personalidad, empieza a vivir para fuera, casi en la calle. Quiere rejuvenecerse y adopta todos los intereses, las posturas, los gestos de los jóvenes. Descubre el erotismo al mismo tiempo que la revolución.

Durante los primeros años de la década del sesenta hago varios viajes a Cuba. El primero fue en 1962 y quedé deslumbrado con la movilización de todos los cubanos en contra de la amenaza de una invasión norteamericana: parecía la lucha de David contra Goliat. Yo mantengo esa posición de entusiasmo, hasta que poco a poco voy descubriendo una realidad más oscura. Mi primer momento de desacuerdo ocurrió cuando me enteré de la existencia de los campos de las UMAP, las Unidades Militares de Ayuda a la Producción, que eran campos de concentración para homosexuales, delincuentes comunes y contrarrevolucionarios establecidos en las provincias. Me pareció terrible, pero pensé que puesta en una balanza era una cosa relativamente menor, si se la comparaba con todos los beneficios que había traído la Revolución: los cuarteles militares transformados en escuelas; las brigadas de alfabetizadores que se lanzaron a la sierra a enseñar a leer y a escribir a los campesinos. Parecía que la Revolución había sido tan generosa y tan positiva, que había producido cambios tan importantes, que ese exceso podía perdonarse.

Mi entusiasmo se atenúa considerablemente y me vuelvo más crítico. Ya para entonces habían ocurrido muchas cosas en Cuba que no habíamos querido ver. Un ejemplo es lo que ocurrió con *Lunes de Revolución,* el suplemento cultural del periódico *Revolución,* que dirigió Guillermo Cabrera Infante desde el 59. Ésta era una publicación literaria de muy alto nivel que apoyaba la experimentación, con la idea de lanzar una revolución cultural que fuera la contraparte de la revolución política, algo que no se permitió en la Unión Soviética ni en los países socialistas europeos.

Cuando yo viajé a Cuba por primera vez en el 62, *Lunes de Revolución* ya había cerrado. Era un caso clarísimo: se había clausurado porque era demasiado libre, porque se tomaba demasiadas libertades en el campo cultural. Poco a poco fuimos cayendo en cuenta de que todos los periódicos y las revistas pertenecían al Estado, y cuando un gobierno ejerce un monopolio sobre la información la prensa no puede tener otra función que la de generar propaganda. Pero eso era muy difícil verlo cuando estábamos viviendo la exaltación de esos primeros tiempos y lo que queríamos era apoyar la Revolución y apostar por su supervivencia.

Todo ese entusiasmo generalizado se vino abajo con el caso Padilla, que dividió a los intelectuales de mi generación, y que provocó mi ruptura total con la Revolución. Había, por un lado, un grupo muy mayoritario, identificado plenamente con Cuba. Por otro, un puñado de escritores que quisimos tener una actitud crítica. Fuimos bañados en mugre: se publicaron manifiestos contra nosotros y hubo incluso momentos de peligro. Recuerdo un festival de teatro en Manizales, Colombia, que tuvo lugar poco después del caso Padilla. Se hizo un acto en la universidad y cuando subí a la tribuna, además de recibir insultos feroces, se me acercó un señor que me dijo: «Usted no va a salir vivo de aquí; si usted me autoriza, yo saco a su mujer del auditorio, porque a usted aquí lo matan». Fue una cosa de horror. Todos los que estábamos en la tribuna fuimos acusados de imperialistas y de traidores, aunque había invitados que no lo eran. Estaba con nosotros, por ejemplo, un crítico de teatro español, un comunista militante totalmente identificado con la Revolución cubana, que sólo por estar en esa tribuna fue también vilipendiado.

Era una atmósfera peligrosa por la exacerbación que había. Fue un periodo muy difícil porque la gran mayoría de los escritores, intelectuales y artistas estaban tan identificados con Cuba que no podían vernos sino como agentes de la CIA.

RG: Ahora quisiera que conversáramos sobre otro aspecto de tus novelas: las traducciones. Tú has trabajado con algunos de los traductores más famosos del mundo angloamericano —como Gregory Rabassa o Edith Grossman— y en tu correspondencia con ellos hay debates sobre las soluciones que puede dársele a un problema de traducción. Aquí en Princeton Jennifer Shyue está investigando la correspondencia que sostuviste con Rabassa sobre la traducción de la palabra *cholo*. Jennifer, ¿podrías contarnos más?

JENNIFER SHYUE: En una carta fechada el 28 de febrero de 1972, que está en los archivos de Princeton, Gregory Rabassa explica cómo decidió traducir *cholo* cuando preparaba la versión en inglés de *Conversación en La Catedral:* «La palabra *cholo* —escribe Rabassa— es difícil y opto por una variación, algunas veces subrayando su sentido racial con *"half-breed"* y otras veces el sentido social, con *"peasant"*. A veces se pueden combinar las dos con *"peasant half-breed"* o *"half-breed peasant"* si la situación exige más fuerza». Me interesa este ejemplo porque en inglés *half-breed* y *peasant* cambian completamente el registro que tiene, para un lector hispanohablante, la palabra *cholo*.

MVLL: *Peasant* no me parece una buena solución porque *cholo* no quiere decir «campesino». El significado de esa palabra depende mucho de quién la diga, a quién se la diga y de la entonación con que se diga. *Cholo* puede ser una palabra cariñosa. Mi mamá, por ejemplo, me decía «mi cholito». Los enamorados también se dicen «cholita» y «cholito». Ahora, dicho por un blanco, *cholo* puede ser un insulto, una manera de recordarle a alguien que no es blanco. El significado original de *cholo* es «mestizo». Pero hay muchos matices. Un insulto muy frecuente y muy racista es «cholo de mierda», que sería una manera de decir «tú no eres blanco, tú eres un indio, o casi un indio». Sin embargo al decir «cholito», «mi cholito lindo» o «mi cholita linda», la palabra se transforma en su opuesto y expresa afecto, cariño.

Además, siempre se puede ser el cholo de alguien. En el Perú de mi infancia, el dinero blanqueaba a las personas y la pobreza las acholaba. Un blanco que vivía muy pobremente se acholaba, porque el cholo se asociaba con los sectores humildes de la sociedad. Un señor rico difícilmente podía ser cholo, excepto si estaba entre otros ricos. El racismo está lleno de sutilezas, de complejidades. Hay que ver en qué forma y en qué contexto se utiliza la palabra *cholo*. Es muy difícil de traducir, efectivamente. No tiene una sola traducción en inglés sino varias.

JS: Encontré también que la traducción del título de *Historia de Mayta* al inglés produjo un debate.

MVLL: Sí. Tuve muchas discusiones con el editor y con Alfred MacAdam, el traductor, sobre el título en inglés. No les gustaba la traducción más literal —*The Story of Mayta*— así que le pusieron *The Real Life of Alejandro Mayta*. Nunca quedé muy contento con esa solución. Me pareció que no era exacto y que además creaba una confusión respecto al original.

Ese título no es verdad porque la novela no quiere contar la «verdadera historia». El protagonista es un escritor que trata de escribir la vida de Mayta, pero al final descubre que la historia real se le escapa y termina redactando una crónica bastante irreal. Tiene que inventar mucho y pone su imaginación a rellenar todos los vacíos, a suplir todos los datos que encuentra en la realidad. Y al final resulta una vida de Mayta que tiene más de ficción que de realidad histórica. O sea, no es *The Real Life* sino todo lo contrario. Hubiera sido más exacto llamarla *The Invented Life of Alejandro Mayta*. Pero ellos no me creyeron y terminaron por usar ese título que nunca me ha gustado.

JS: MacAdam escribió sobre esa elección: dice que es un título irónico porque la novela misma desmonta la noción de la verdad.

MVLL: Es una interpretación *a posteriori,* pero cuando un lector ve el título del libro se imagina que lo que va a encontrar es la vida verdadera de Alejandro Mayta. Cuando lee la novela probablemente sí descubre que hay ironía, pero de entrada es una ironía que no se advierte para nada.

RG: Hay otro problema de traducción muy interesante que aparece en *¿Quién mató a Palomino Molero?* La primera palabra de la novela es *jijunagrandísimas,* que MacAdam traduce como *«sons of bitches».* Además de cambiar el registro, se pierde todo el juego con el eufemismo y el apócope.

MVLL: Sí: se pierde el color local. Además, esa palabra también se usa para expresar una emoción muy fuerte. En ese caso no se refiere a nadie en especial: decir «jijunagrandísima» equivale a exclamar «¡Dios mío! ¡Qué horror!» y expresa simplemente sorpresa, disgusto, estupefacción ante el horror que se está viendo.

RG: ¿Te involucras mucho en la traducción de tus novelas?

MVLL: Depende del traductor. Si el traductor quiere que me involucre, lo hago con mucho gusto. Pero siempre he querido que el traductor tenga una libertad total. Nunca he creído en la posibilidad de una traducción literal ni absolutamente fiel. A mí me parece mucho más importante que un traductor sea capaz de reescribir la obra en su propia lengua, tomándose ciertas libertades, y que el resultado se lea no como una traducción sino como una creación original. Es más importante que un traductor sepa escribir bien en su lengua porque si entiende la obra extranjera a la perfección pero escribe mal, estropea la traducción. En cambio, un escritor puede no conocer muy bien la obra e incluso cometer errores, pero si escribe muy bien en su lengua, el libro que resulta es mejor. Cada idioma tiene su propio genio, y lo importante es que la traducción logre recrearlo de tal manera que no suene como traducción. No hay cosa peor que leer un libro y darse cuenta que es una traducción: sentir que algo chirría en el lenguaje, que es una lengua postiza, que los personajes no hablarían nunca como se los hace hablar en ese libro. Por eso los grandes traductores a veces se toman libertades.

Un caso muy interesante es el de Borges, que hizo traducciones maravillosas del alemán y del inglés tomándose grandísimas libertades. Efraín Kristal ha estudiado este caso en su libro *Invisible Work: Borges and*

Translation. Al traducir, Borges hacía cosas que los autores no le habrían permitido jamás: si el final de un cuento no le gustaba, lo cambiaba. En otros casos altera completamente la naturaleza de una frase: si la original le sonaba mal, la mejoraba. La suya es una labor muy creativa, pero no se le puede llamar traducción en el sentido estricto del término. Son versiones escritas en un español impecable, como es el de Borges, pero que a veces se leen como textos borgesianos y no como escritos del autor que traduce.

Es también el caso de la traducción de *Las palmeras salvajes*. Faulkner escribe en un lenguaje muy particular, que tiene cierta música, además de usar frases largas, complejas y enredadas. Cuando Borges traduce esta novela, el resultado es un libro precioso, pero que suena más a Borges que a Faulkner. Ha cortado las frases para hacerlas breves, como a él le gustaban. Toda la oscuridad que caracteriza la prosa de Faulkner desaparece y el lenguaje se vuelve transparente, claro, diáfano, como es siempre el de Borges. Se toma unas libertades que van mucho más allá de lo tolerable, lo cual no impide que sus traducciones sean a veces mejores que el original. Es un caso extremo.

Pero también los traductores fieles, los que no quieren ser creativos, producen versiones muy distintas de un original. Es el caso de *La guerra y la paz* de Tolstoi. Hay por lo menos tres traducciones al español, muy distintas entre sí. Por más que se esfuerce en ser fiel, el traductor termina por poner algo de sí y puede llegar a recomponer enteramente la obra. Lo que es fundamental es que el traductor trabaje con cierta originalidad, que se tome ciertas libertades para encontrar equivalentes en su propio idioma.

Por todo esto, si hay un traductor que no quiere que lo moleste, no lo molesto. Casi todos los traductores me mandan listas de palabras o de expresiones que no acaban de entender, especialmente localismos y peruanismos. Yo les contesto y les doy las explicaciones. Pero si no me las piden, procuro no entrometerme. Hay autores a quienes les gusta estar por encima, pero yo creo que para eso habría que tener un conocimiento casi perfecto, no sólo del otro idioma sino también de la idiosincrasia detrás de ese idioma, que es lo que expresa una obra literaria.

2. Periodismo y literatura

El periodismo ha sido uno de los temas centrales en la obra de Mario Vargas Llosa desde Conversación en La Catedral *hasta* El pez en el agua. *En varias de estas obras aparece una versión literaria de la experiencia periodística que el novelista ha ejercido durante toda su vida, desde su paso por el diario* La Crónica *a los quince años hasta las columnas que hoy escribe para* El País. *La relación entre narrativa y reportaje ha sido, además, tema de reflexión en sus artículos y ensayos.*

RUBÉN GALLO: El periodismo es un tema importante en tu obra y en muchas de tus novelas hay personas que trabajan como redactores en periódicos, estaciones de radio y otros medios. En *Conversación en La Catedral* el diario *La Crónica* es uno de los espacios centrales de la novela: un mundo gris, en donde los jóvenes con ideales literarios terminan por ahogarse en la pobreza y el alcohol. Pero a diferencia de esos personajes, tú has practicado el periodismo desde que tenías quince años y sigues haciéndolo con tu columna en *El País.* ¿Puedes hablarnos de lo que ha representado el periodismo en tu carrera?

MARIO VARGAS LLOSA: Me gustaría empezar por distinguir entre la ficción y el reportaje periodístico. Muchas veces el periodismo se vale de técnicas literarias para imponer determinados hechos. Hay una escuela de periodismo que nace en Estados Unidos y que, aunque parte de una investigación en profundidad, se acerca mucho a la literatura, por el tipo de escritura y la organización de esos materiales. Usa, además, ciertos recursos tomados de la ficción, como el suspenso o la dislocación cronológica, para crear expectativa, curiosidad, tensión dramática.

Pero incluso en estos casos hay una diferencia fundamental y es que en principio el periodismo no debe transgredir la verdad. Debe buscarla y tratar de exponerla de la manera más atractiva e interesante posible, pero su razón de ser es presentar una realidad tal y como es, un hecho tal y como ocurrió, una persona tal y como es. Nada de eso es obligatorio en la ficción. Cuando uno escribe ficción, tiene la libertad de transgredir la realidad, de alterarla profundamente, mientras que un reportaje periodístico vale por su cotejo con la realidad. Mientras mejor exprese la realidad el texto periodístico, se considera más auténtico y más genuino. Hay una búsqueda de la verdad que va fuera del texto, y que es lo que lo justifica o lo desautoriza. Una ficción, en cambio, vale por sí misma y su éxito o su fracaso dependen de ella misma y no del cotejo con la realidad. Una novela puede transgredir profundamente la realidad, expresar otra dimensión, creada por el escritor con su imaginación y con las palabras, y sostenerse por sí misma. De hecho, la literatura tiene siempre un elemento añadido, algo que no está en la realidad, y que es lo propiamente literario de una ficción.

Para mí el periodismo ha sido muy importante porque me ayudó a descubrir la realidad de mi país. En el Perú, como en muchos países del tercer mundo, la estructura de la sociedad es tal que los miembros de una clase social saben muy poco sobre lo que ocurre en otros sectores de la población. El Perú en el que pasé mi infancia y adolescencia era muy limitado: me movía en un mundo urbano y de clase media, occidentalizado, hispanohablante —blanco, entre comillas—, y desconocía por completo el resto del Perú.

Yo entré al periodismo cuando era todavía un escolar —fue en las vacaciones entre quinto y sexto de media, entre el penúltimo y el último grado de colegio—. Tenía quince años y entré a trabajar como redactor en un periódico que me mandó a hacer toda clase de reportajes en una ciudad que yo conocía solamente de una manera muy parcial. Nunca había estado en los barrios pobres, en las zonas marginales, que eran los lugares donde había mayores estallidos de violencia. Trabajé unas semanas en la página policial, que hacía reportajes sobre las partes más pobres y violentas de Lima. Así fui descubriendo un país que desconocía totalmente. En ese sentido la experiencia del periodismo fue muy instructiva: me enseñó mucho sobre la realidad de un país que era más complejo, mucho más enconado, mucho más violento que aquel en el que yo había vivido hasta entonces.

Hay otro aspecto interesante: yo creía que el periodismo estaba cerca de la literatura, y que podía vivir de esa actividad mientras seguía escribiendo. Pero el uso del lenguaje que hace un periodista y el que hace un escritor son completamente distintos. El periodismo más profesional es aquel que transmite una realidad anterior al oficio, y mientras más neutral y transparente sea su lenguaje, más eficaz resulta desde el punto de vista periodístico. El uso del lenguaje que hace un escritor es todo lo contrario: su deber es afirmar una visión personal, expresar su individualidad a través de las palabras y hacerlo con una cierta originalidad, es decir, con una cierta distancia con el lenguaje común y corriente. Eso es lo que hace la literatura, como podemos ver si leemos a Rulfo, a García Márquez, a Onetti y analizamos el tipo de lenguaje que usan estos escritores.

Un periodista no puede darse el lujo de ser original a la hora de escribir: está obligado a deshacerse de su personalidad, a disolverla dentro de ese lenguaje funcional que es el de los diarios. Es cierto que hay muchos escritores que también han hecho periodismo, pero yo creo que a la hora de escribir novela, a la hora de hacer literatura, usan un lenguaje muy distinto al que emplean en el momento de redactar una noticia, una crónica o un editorial. Ésta es la primera incompatibilidad que hay entre el periodismo y la literatura.

Dicho esto, la función del periodismo es importantísima en una sociedad democrática. Yo crecí en el Perú, en un periodo dictatorial —recordemos que la dictadura del general Odría duró de 1948 a 1956—, y esos años fueron fundamentales para mi generación. Nosotros éramos niños cuando el general Odría dio el golpe y éramos ya hombres cuando dejó el poder y llegó la democracia. Toda nuestra niñez y adolescencia la vivimos en un mundo donde había una censura muy estricta: sabíamos que la prensa mentía, que en lugar de describir la realidad la ocultaba y la deformaba. Era una prensa servil que adulaba al poder y que estaba al servicio de la dictadura. El periodismo era uno de los principales instrumentos que tenía el gobierno para manipular la realidad, para hacernos creer que vivíamos en un mundo perfecto. El periodismo es un barómetro fundamental del grado de libertad que hay en una sociedad: necesitamos ese derecho de crítica, esa libertad de expresión que da el verdadero periodismo para que una sociedad sea realmente democrática.

En la época moderna, el periodismo ha sufrido otra distorsión, muy distinta a la de la censura, que es la frivolización. Ése es un fenómeno muy contemporáneo: la prensa frívola siempre ha existido, pero antes era una práctica marginal. Hoy día esta frivolización ha llegado hasta los grandes diarios, hasta los órganos de expresión que consideramos como los más serios, por una razón muy práctica: una revista, un periódico o un programa de televisión que trata de ser exclusivamente serio termina siendo un fracaso desde el punto de vista económico. Hay una presión constante para que los medios conquisten grandes masas de lectores o de espectadores.

Yo viví en Inglaterra muchos años, y recuerdo que cuando llegué, en 1966, el periodismo era de una seriedad casi fúnebre. En esa época el *Times* tenía gran estilo: un lenguaje sobrio y una vocación de objetividad. Nunca hubiera imaginado que el *Times* y el *Daily Mail* terminarían por parecerse: las dosis de frivolidad que aparecen hoy resultan inconcebibles para lo que era el *Times* hace veinte o treinta años. Esa banalidad ha ido impregnando la prensa de nuestro tiempo. Creo que es un cambio que refleja el deterioro de la cultura en el mundo, algo que ha lastimado profundamente las bases de las sociedades democráticas.

RG: Y ese cambio lo vemos en la extensión de los artículos. Hace veinte años, un periódico como *The New York Times* o *The Guardian* publicaba artículos de veinte, treinta, cuarenta cuartillas, algo que ahora resulta impensable. Aunque la brevedad no es incompatible con la seriedad: tus artículos para *El País* tienen un límite de cinco cuartillas y en ese espacio logras desarrollar ideas serias y relacionarlas con acontecimientos políticos e incluso obras literarias. El límite de cinco cuartillas también puede verse como un ejercicio literario: recordemos que muchos escritores, desde Augusto Monterroso hasta Jorge Luis Borges, siempre privilegiaron las formas breves.

MVLL: El artículo es un género. Los grandes articulistas son escritores capaces de desarrollar una sola idea. Un artículo logrado tiene una idea central: de allí surge la argumentación para el resto del texto, así como las ideas complementarias que preparan al lector y que luego lo apaciguan si ha quedado demasiado impresionado. Podemos verlo en la obra de ese gran periodista norteamericano, Walter Lippmann, que fue un extraordinario articulista, capaz de desarrollar todo un pensamiento en tres o cuatro cuartillas. Sus artículos siempre presentan una idea que es la columna vertebral en torno a la cual se estructura el resto del texto.

El artículo es un género difícil, pero también puede ser un espacio de mucha creatividad. Recuerdo que cuando llegué a Inglaterra en 1966 yo esperaba el domingo con impaciencia para leer los artículos de dos críticos: Cyril Connolly, el autor de *Enemigos de la promesa*, escribía todos los domingos en *The Sunday Times* una crónica literaria que comentaba algún libro o algún hecho literario, y sus observaciones eran siempre deslumbrantes. Tenía esa extraordinaria capacidad de desarrollar todo un pensamiento en un artículo de tres o cuatro cuartillas. Y había otro crítico, Kenneth Tynan, más frívolo y más juguetón, que hacía crítica de teatro y era también absolutamente extraordinario porque lograba que el lector visualizara el espectáculo que él comentaba. Y lo hacía con gran elegancia, con mucho humor. Después él mismo llegó a escribir una obra de teatro, *Oh! Calcutta!*, que tuvo un gran éxito en el mundo entero. Se volvió rico y dejó de escribir artículos. Por cierto, el título de su obra era un juego de palabras: *Oh, quel cul t'as.*

Estos dos articulistas eran también grandes creadores. Cultivaban un género que fue considerado menor, pero en él lograron ser profundamente creativos.

EL PERIODISMO Y LA VIDA BOHEMIA

RG: En varios de tus libros —desde *Conversación en La Catedral* hasta *El pez en el agua*— el periodismo aparece como una trampa para el escritor. Entre los personajes vemos a jóvenes talentosos que pudieron haber escrito pero que, al entrar a trabajar como periodistas, se pierden y se quedan atrapados. No logran salir de la mesa de redacción y nunca publican la gran novela que hubieran querido escribir.

MVLL: Así es. Porque el mundo del periodismo que yo conocí estaba muy marcado por la vida bohemia. Se escribía de noche y la noche es pecaminosa y tentadora. Los periodistas terminaban su turno, salían a tomar tragos y se quedaban fuera hasta el amanecer. Ese ritmo de vida terminaba por matar la energía y la disciplina que son fundamentales para un creador. En una época se pensaba que la bohemia era un buen caldo de cultivo para la literatura, pero eso es una fantasía romántica porque todos los grandes escritores han sido trabajadores y disciplinados y han organizado su vida en función de la escritura. Hay algunos casos de grandes creadores que llevaron una vida bohemia y aunque se quemaron rápidamente dejaron una obra, pero yo creo que se trata de la excepción que confirma la regla.

Cuando entré a trabajar como periodista conocí a muchos compañeros que habrían querido ser escritores y que vivían con una gran nostalgia de la poesía que nunca escribieron, de las novelas que nunca publicaron, porque su vida se quedó atrapada en la rutina del periodismo, en un trabajo que es no sólo anónimo sino también efímero. Las noticias duran veinticuatro horas —a veces menos— y después los periódicos se botan a la basura. Esa naturaleza tan fugaz del periodismo frustra muchísimo a los escritores, que siempre anhelan alcanzar la trascendencia.

LA PRÁCTICA DEL PERIODISMO

RG: Tú has practicado el periodismo a lo largo de tu vida y ahora sigues escribiendo una columna para *El País*. ¿Por qué has decidido seguir escribiendo artículos en lugar de dedicar todo tu tiempo a la literatura?

MVLL: Nunca he querido dejar el periodismo por una razón muy clara: la literatura es mi vocación, es el oficio más estimulante del mundo, pero por otro lado nunca he admirado la figura del escritor que sólo es escritor, que vive completamente encerrado con sus fantasmas, con un mundo mental que lo distancia de la realidad cotidiana, de la vida de todos los días, de esa experiencia que es el común denominador de la gente. Quizá por eso soy un escritor realista y no un escritor fantástico. Yo nunca trato de crear un mundo completamente soberano, independiente del mundo real. En mis novelas he querido mostrar un mundo que tiene por lo menos la apariencia del mundo real. Por eso la idea de practicar un oficio que puede llegar a divorciarme enteramente de ese mundo no me tienta. Para mí el periodismo ha sido una forma de mantener siempre un pie en el mundo real, y por eso lo sigo practicando. Es mi manera de no separarme de esa realidad objetiva, compartida, cotidiana. Mis artículos tratan temas literarios pero también sobre hechos sociales o políticos relacionados con la vida cotidiana. Esa ancla con la realidad que me da el periodismo es muy importante para mi trabajo. Recuerdo unos versos de Vallejo que dice: «comer algo agradable y salir / por la tarde, comprar un buen periódico». Leer un buen periódico es una experiencia muy estimulante, casi tanto como leer un buen libro, porque un artículo bien escrito nos pone en contacto con lo que está ocurriendo y nos hace sentir parte de ese fenómeno tan diverso, tan complejo que es la actualidad. Ese tipo de periodismo serio se ha ido perdiendo en nuestra época para ser reemplazado por algo más elemental, hecho de titulares. Parecería que los grandes artículos se han vuelto imposibles para los periódicos porque no hay lectores para ellos.

RG: Tus artículos tratan una gran diversidad de temas. Has escrito sobre Fidel Castro, sobre Margaret Thatcher, sobre el Papa y sus pronunciamientos contra el condón, sobre el único estudiante que tuviste en Cambridge, sobre la tendencia populista en Latinoamérica, sobre Donald Trump, sobre la guerra de Irak y las elecciones en la Argentina. Además de erudición y versatilidad, esa lista de temas demuestra una gran libertad intelectual, una curiosidad que te lleva a interrogarte sobre aspectos muy distintos del mundo en que vivimos.

MVLL: Yo aprecio enormemente esa libertad. Estoy obligado a entregar un artículo cada dos semanas pero tengo tema libre. Es maravilloso poder escribir sobre lo que más me estimula. Escribo siempre sobre temas de actualidad porque me parece que ésa es la función del periodismo. Además me gusta hacerlo porque la mayor parte del tiempo vivo desactualizado, escribiendo novelas, separado de la actualidad.

LARA NORGAARD: Siguiendo con el tema del periodismo: la edición de sus *Obras completas* recoge solamente los artículos que usted escribió después de 1968. ¿Qué cambió en ese año en su periodismo y por qué decidió usted empezar con esa fecha? ¿Por qué no incluyó los artículos que escribió cuando era más joven?

MVLL: Yo no me encargué de la selección, que estuvo a cargo de Antoni Munné, el director de la colección en Galaxia Gutenberg. Yo le di carta libre porque él es un gran conocedor de mi obra y tiene un criterio respetable. Es cierto que una colección de obras completas, si hiciera lo que dice el título, debiera incluir todo: lo malo y lo bueno. Quizá yo habría incluido muchos malos artículos, pero él prefirió eliminar los que escribí cuando era muy joven porque le parecieron los menos interesantes y los menos actuales.

Creo que si algo muestran esos artículos es que yo he cambiado mucho en mi manera de pensar y sobre todo en el campo político. En las recopilaciones de artículos o de ensayos me he preocupado de incluir artículos que son contradictorios para mostrar que ha habido un cambio y una evolución.

RG: Eso demuestra que las obras completas nunca terminan siendo verdaderamente completas. Después de publicadas, siempre puede aparecer un texto, una carta, una versión que se quedó fuera de lo que se suponía era una edición definitiva. Augusto Monterroso se burló de este concepto, que pensándolo bien es casi metafísico, en un librito de cuentos que lleva por título *Obras completas*.

MVLL: Sí, claro: *Obras completas y otros cuentos*. En ese libro aparece también «Dinosaurio», que es el cuento más breve y perfecto que se haya escrito y que consiste en una sola frase: «Cuando despertó, el dinosaurio todavía estaba allí». Esas siete palabras cuentan toda una historia, con una gran economía. Es lo contrario de las *Obras completas* porque está incompleto, pero lo que falta hace que sea un gran cuento.

LN: Cuando habla de los cambios en sus artículos ¿diría usted que se trata principalmente de un cambio político?

MVLL: Político pero también literario. De joven tuve una enorme admiración por Sartre, a tal grado que mis amigos se burlaban de mí y me dieron el apodo de «el Sartrecillo valiente». Hoy en día no podría leer a Sartre: me doy cuenta de que esas novelas que tanto me entusiasmaron de joven son malas y a fin de cuentas poco interesantes. Ahora diría que Sartre fue un imitador de Dos Passos, pero Dos Passos sí tenía un gran talento novelístico y Sartre no: era demasiado inteligente para poder ser un gran novelista. Para escribir uno no puede guiarse por las ideas: tiene que abandonarse a las emociones y a las pasiones, algo que Sartre nunca pudo hacer porque era una máquina de pensar, un robot. Tenía una enorme inteligencia, que sirve para escribir buenos ensayos pero no para crear buenas novelas.

RG: A Sartre le faltaba cuerpo.

MVLL: Le faltaba cuerpo, le faltaba sudor, le faltaban lágrimas, le faltaba amor, le faltaba pasión. Pero no quería nada de eso. Era una máquina de pensar y por eso sus novelas parecen ensayos: son recopilaciones de ideas, argumentos novelados, pero sin ninguno de los elementos literarios que hacen una buena novela.

EL PERIODISMO Y LA CENSURA

LN: Sobre el tema de la censura de la prensa: en el Perú, bajo Odría, la censura la hacían los dueños de los periódicos pero también los reporteros porque ellos anticipaban lo que no pasaría. Era un tipo de autocensura que terminó siendo más importante y más nefasta que la censura oficial.

MVLL: Cuando trabajé en *La Crónica*, había palabras que no podían usarse y temas que no podían tocarse. Era una cosa automática. Se formaba como una segunda naturaleza en la persona que conocía perfectamente los territorios peligrosos a los que no debía entrar a menos que quisiera correr un riesgo. Y es por eso que había un periodismo clandestino, al que pertenecía el periodiquito de nuestro grupo Cahuide. Pero esta autocensura no afectaba solamente el periodismo: también determinaba el comportamiento cívico, porque había cosas que no podían hacerse sin correr un riesgo. Es un fenómeno típico de todas las dictaduras, sean de derecha o de izquierda, ideológicas o militares, religiosas o laicas. Inmediatamente se crea una especie de personalidad secreta que está siempre vigilando lo que uno hace, diciéndole a la persona: «Por aquí no. Esto no. Esto mejor evítalo. Esto no debe hacerse. Esto implica un riesgo». Esa autocensura es lo peor que puede existir en una sociedad, porque se trata de un censor que uno lleva dentro.

LN: ¿Se dio también este tipo de autocensura en otros países latinoamericanos?

MVLL: En el momento en que se establece la censura, se produce inmediatamente la autocensura, que siempre es uno de los efectos más perversos de una dictadura. Eso yo lo viví en el Perú, de joven, pero también en España: cuando llegué a Madrid en 1958, durante el franquismo, había una censura previa que requería que autores y editores recibieran el visto bueno antes de publicar. Eso llevaba a muchos escritores a autocensurarse porque sabían que iban a recortarles lo que habían escrito, así que se creaba un mecanismo casi automático a la hora de escribir, como si uno tuviera un pequeño censor dentro de la cabeza que le va diciendo lo que no se debe tocar. En otro sentido más sutil y complejo la autocensura puede tener el efecto contrario y llevar a los escritores a tratar de hablar justamente de lo que está prohibido, a escribir desafiando las prohibiciones. Eso también corrompe, porque si un escritor escribe sólo para enfrentarse a la censura, pierde su libertad. La libertad es un espacio fundamental a la hora de escribir, a la hora de pensar, a la hora de fantasear. La censura es un elemento distorsionador en muchos sentidos.

La censura también puede ser disparatada. Juan Marsé contaba que cuando una de sus novelas pasó por la censura le suprimieron todas las veces que aparecía la palabra *sobaco*. Era completamente incomprensible: ¿por qué *sobaco* y no otra palabra? Quizá porque el censor era un pervertido y la palabra *sobaco* le inspiraba toda clase de imágenes lúbricas. No hay otra explicación: la palabra *sobaco* no le hace daño a nadie.

Cuando publiqué mi primera novela, *La ciudad y los perros,* tuve una discusión con el jefe de la censura. En ese momento Franco había nombrado a un grupo de ministros supuestamente progresistas —por lo menos en comparación con los anteriores, que habían sido totalmente cavernarios—. Carlos Robles Piquer, que era jefe de Información y el encargado de la censura, aceptó discutir conmigo los cambios que proponían en mi libro. Así que nos vimos en un almuerzo y fue muy cómico, porque una de las frases que quería cambiar era la descripción del jefe de un colegio militar. Yo había escrito que el coronel «tenía un vientre de cetáceo», es decir que era barrigón. Pero Robles Piquer me decía que como el coronel era jefe del cuartel, si yo me burlaba de él no solamente ridiculizaba a un personaje sino a la institución entera, porque él representaba al ejército. Me explicó que si el personaje tuviera un grado menor, si fuera un comandante o un capitán, entonces no importaría tanto, pero un coronel tenía un lugar clave en la jerarquía. A mí, por fastidiarlo, se me ocurrió preguntarle: «¿Y qué pasa si en lugar de decir "vientre de cetáceo" decimos "vientre de ballena"?». Y me respondió que la palabra *ballena* sí podía pasar, porque le parecía que era más suave. Allí vemos que la censura, entre otras cosas, es una forma de estupidez porque pierde tanto tiempo en ese tipo de nimiedades.

Otra de las frases que quiso cambiar era la descripción de un cura que decía: «Se lo ha visto merodeando por los burdeles del Callao con ojos codiciosos». Y el señor Robles Piquer me dijo: «Mire: yo sé que hay pastores que pecan, pero en su novela ése es el único cura. Si hubiera otro se vería que hay buenos y malos, pero ahí solamente aparece el malo». Así que yo le dije: «Bueno. ¿Qué pasa si en lugar de poner "burdeles" ponemos "prostíbulos"?». Y él me dijo que sí, que la palabra *prostíbulos* podía pasar porque es más suave. A fin de cuentas me cambiaron ocho palabras en la primera edición de la novela, pero Carlos Barral, mi editor, era muy valiente y restableció esas ocho palabras en la segunda edición y no pasó nada.

RG: Ese trabajo de censura requiere una lectura relativamente cuidadosa del texto.

MVLL: Es una lectura muy minuciosa, pero siempre tiene que encontrar algo que censurar. Se busca el pecado, la falta, la disidencia, y si no aparece hay que inventarla. Además, el censor vuelca sus propias fobias y prejuicios personales sobre los libros que lee. No sé cómo en España no se ha publicado un libro blanco sobre la censura que cuente todos estos casos.

Otro ejemplo. El crítico de cine Román Gubern escribió un estudio sobre King Kong en el cine y propuso como título *La bella y la bestia*. La censura le prohibió el título: le dijeron que el libro podía publicarse pero siempre y cuando le cambiara el nombre. Él fue a hablar con alguien y dijo que no entendía qué podía tener de malo un título como *La bella y la bestia*. Entonces el censor le dijo algo maravilloso: «Mire, nosotros no somos tontos. ¿Ese título qué cosa quiere decir? La bella ¿quién es? Pues es España, obviamente. Y la bestia ¿quién es? Ya sabemos que se refiere usted al Generalísimo, así que no pasa». La perversión mental de un censor puede llegar a estos extremos grotescos: un libro sobre King Kong que es visto como un insulto a Franco.

LN: ¿Había ese mismo proceso de lectura tan cuidadosa para artículos de un periódico?

MVLL: Era mayor aún. La censura aumentaba con la popularidad del género, por eso el terreno más libre era el de la poesía, porque se pensaba que muy poca gente leía poemas. Los poetas podían expresarse sobre temas que eran inconcebibles en una novela. La censura era mucho más estricta con la novela, más aún con el periódico, pero en donde era francamente feroz era en la televisión. Cuando yo llegué a España como estudiante en 1958, Analía Gadé, una actriz que era muy famosa en aquella época, me contó cómo funcionaba la censura en televisión. Antes de salir al aire, el censor sacaba un metro y medía las faldas y el escote de las actrices y de repente decía: «Tiene que ser más larga para que se vea menos la pierna» o «El escote tiene que ser más cerrado para que se vea menos el pecho». Para las pobres actrices eso era la humillación extrema. Me imagino que esta situación debía generar toda clase de perversiones entre los censores.

RG: ¿Han sido censurados tus libros en otros países?

MVLL: Mis libros fueron prohibidos en Cuba después de que comencé a criticar al gobierno cubano. Es lo que sucede en las dictaduras, cuyo objetivo es controlar la literatura, el arte y la creatividad, porque consideran el pensamiento independiente como peligroso. En una democracia nadie cree que una novela o un poema puede ser peligroso o subversivo. Yo diría que en este caso las democracias están equivocadas y las dictaduras tienen razón, porque la literatura sí es peligrosa. La literatura nos enseña a mirar el mundo con una actitud crítica. Cuando leemos una gran novela —*Moby Dick, Les Misérables, La guerra y la paz,* el *Quijote*— y luego volvemos al mundo real, algo ha cambiado dentro de nosotros que nos hace ser muy críticos con lo que vemos a nuestro alrededor. Leer una buena novela significa habitar un mundo perfecto, redondo y pulido, caracterizado por la belleza, en donde incluso el mal se transforma en algo atractivo. Todo ocurre en un lenguaje literario que nos permite entender a fondo todo lo que sucede, sus causas y sus efectos. En comparación con la literatura, el mundo real es imperfecto, desordenado y caótico. Así que leer una buena novela nos hace ser muy críticos con todo lo que nos rodea, y esto es extremadamente subversivo en una sociedad que pretende ejercer un control total sobre el individuo. Eso explica la desconfianza que sienten los dictadores hacia la literatura..., y tienen razón.

En una sociedad controlada, la gente lee de una manera distinta y trata de encontrar en los libros, en las novelas, en los cuentos, en las obras de teatro, algo que no está ni en los periódicos, ni en la televisión, ni en la radio: un análisis crítico de lo que está ocurriendo. La literatura se convierte en un medio para expresar una reflexión sobre el mundo y adquiere una importancia política que no tiene en las democracias. La poesía, la novela, los ensayos literarios y el teatro se llenan de alusiones que la gente inmediatamente interpreta en función de la experiencia que está viviendo. Entonces la literatura se vuelve algo mucho más importante, adquiere una importancia política. La gente que vive bajo una dictadura busca en los libros un doble fondo que hable de una realidad que ha sido rigurosamente suprimida en la prensa oficial. Es por eso que las dictaduras se preocupan tanto por lo que hacen los escritores. La literatura es algo que socava esa certeza que la dictadura quiere imponer en la sociedad.

Para los escritores resulta muy estimulante valerse de las mil y una maneras que tiene la literatura de decir cosas sin decirlas explícitamente para burlar la censura.

RG: Muchos escritores crean su obra en contra de una dictadura. Pienso en Milan Kundera, que escribió obras maravillosas, como *La insoportable levedad del ser,* durante la época más dura del socialismo checo. Con la caída del bloque socialista a principios de los noventa, Kundera se desinfla como escritor. Todo lo que publica después ya no tiene esa forma, ese odio, ese coraje que tenía cuando luchaba contra ese gran enemigo que era el estado socialista y que lo amenazaba con la cárcel, con penas muy duras.

Vemos un fenómeno similar en Carlos Saura: las películas que realizó durante el franquismo —como *Cría cuervos*— están cargadas de comentario político, pero tras la muerte de Franco se ha dedicado a hacer largometrajes sobre el flamenco, el tango y otros temas que nada tienen que ver con la política.

MVLL: Este fenómeno se da en todas las dictaduras: se escribe contra la dictadura y, cuando la dictadura cae, de pronto uno pierde al enemigo que le permitía pensar y trabajar. Otro ejemplo sería el arte expresionista alemán que surge entre la Primera y la Segunda Guerra Mundial. Alemania es un país completamente revuelto, con conflictos violentísimos en esos años: comunistas y nazis se matan en las calles. Pero esa inseguridad y precariedad de la vida hacen que surja un arte enormemente creativo y de una violencia impresionante. Entre los artistas de esos años, hay uno que yo admiro mucho: George Grosz, uno de los críticos más feroces del nazismo y del racismo que se salvó de milagro. Un comando nazi llega a su casa a buscarlo. Él los recibe, pero se hace pasar por el mayordomo: los hace entrar, les ofrece té y, mientras los nazis toman té, él se escapa por una escalerita y llega hasta Estados Unidos. Pero en cuanto pisa el continente americano desaparece toda la ferocidad, la belicosidad, las caricaturas atroces que habían caracterizado su obra. Uno diría que se volvió bueno, que perdió toda su animosidad: empieza a hacer una pintura que es completamente decorativa, sana, benigna, sin fuerza, sin alma. Nunca más recupera la energía que había tenido en Alemania. Él necesitaba odiar para ser un gran pintor. Cuando dejó de odiar y empezó a vivir en un país donde no odiaba a nadie, y se sentía muy contento, su pintura pierde toda su alma. Es un caso muy interesante. Hay muchos otros casos de escritores que necesitaban tener un adversario temible para poder crear.

BEN HUMMEL: ¿Heberto Padilla?

MVLL: Sí, exacto: está el caso de Heberto Padilla también. Recordemos los hechos: Padilla era un muy buen poeta cubano, que además tenía mucha virulencia. Él sufre una experiencia terrible: las autoridades cubanas lo acusan de ser un disidente y lo meten preso. Sale de la cárcel para hacer una autocrítica terrible, acusándose de ser agente de la CIA y de otras estupideces, evidentemente por miedo. No le vuelve a pasar nada y se queda en Cuba hasta que por fin, muchos años después, se exilia en Estados Unidos. Pero la persona que llega a Miami es como un muerto en vida: ya no puede escribir nunca más algo que sea realmente importante. La poesía que publica es extremadamente pobre, como si hubiera perdido el alma. Es un caso muy parecido al de Grosz. Y Padilla vive el resto de sus días como un fantasma de sí mismo. Quizá por eso lo dejaron salir, porque ya no podía hacer daño a nadie con lo que escribía, que es lo más triste que puede decirse de un escritor.

3. Conversación en La Catedral

Conversación en La Catedral *(1969) es uno de los libros más ambiciosos de Mario Vargas Llosa y quizá el mejor ejemplo de cómo el escritor usa la literatura para pensar la política. Ambientada durante la dictadura de Manuel Odría (1948-1956), la novela narra el desmoronamiento moral de Santiago Zavala, un muchacho de clase media alta cuyas ambiciones intelectuales y literarias se ven aplastadas por el poder corruptor de la dictadura, que penetra todos los espacios de la ciudad y todos los niveles de la sociedad.*

ESTRUCTURA Y TÉCNICAS LITERARIAS

RUBÉN GALLO: Quisiera que analicemos las técnicas literarias que aparecen en *Conversación en La Catedral*. La novela le pide un gran esfuerzo al lector para seguir los cortes temporales, los cambios de voz narrativa, los *flashbacks*. En ese sentido pertenece a la categoría de «la literatura difícil», que reta al lector y le pide una inversión de tiempo, de concentración, de participación para descifrar las claves literarias. La novela se publicó en 1969, en un periodo de grandes debates sobre técnicas novelísticas en que las opciones iban desde el realismo socialista hasta el *nouveau roman*. ¿Qué significó en ese momento apostar por una literatura difícil que requiere una inversión considerable del lector en términos de tiempo, de energía mental, de concentración?

MARIO VARGAS LLOSA: Quisiera contar cómo llegué a la estructura de *Conversación*. Quería escribir una novela sobre la dictadura que pudiera mostrar los efectos que tuvo el régimen de Odría en el conjunto de la sociedad, es decir, entre los peruanos de distintos niveles sociales. Yo pasé mi adolescencia bajo la dictadura y no fue sino hasta 1956, cuando tenía veinte años, que tuvimos elecciones libres. Yo comencé a escribir la novela mucho después: ya en los años sesenta, cuando estaba viviendo fuera del Perú. Comencé escribiendo episodios desconectados entre sí, con personajes distintos —un guardaespaldas, una sirvienta, un empresario exitoso, un muchacho de clase media—, trabajando además con una gran confusión, porque en ese momento no sabía cómo iba a ordenar todo eso. Pensé mucho y le di muchas vueltas, hasta que tuve la idea de que la columna vertebral de la historia fuera una conversación, pero una conversación que tendría interrupciones porque otras conversaciones se meterían dentro de ella y luego saldrían.

Ésa es la estructura de *Conversación en La Catedral*: una conversación entre Zavalita y Ambrosio, el guardaespaldas que fue el chofer y amante de su padre. Esa conversación ocurre después de que Zavalita va a rescatar a su perro a la perrera municipal y se encuentra con Ambrosio, que ha caído al fondo más bajo de la ruina y trabaja matando perros. Los dos se van a tomar una cerveza a ese barcito cerca de la perrera que se llama La Catedral. Ése es el eje de la historia: una conversación que aparece y luego desaparece durante largos intervalos pero que siempre vuelve a reaparecer. Esa columna vertebral va llamando otras historias que se desplazan en el espacio, en el tiempo, y de un personaje a otro. Un personaje que surge en la conversación entre Zavalita y Ambrosio puede llamar a otro personaje y evocar una historia que los dos vivieron en el pasado, para luego regresar a la historia central, llamar a otro personaje, y así sucesivamente.

La conversación central entre Zavalita y Ambrosio es como una especie de tronco del que van surgiendo muchas ramas, y esas distintas ramas al final van dibujando ese árbol que es la totalidad de la historia. No me importó que eso pudiera crear confusión en el lector. Al contrario, yo pensé que esa confusión era necesaria para que la historia fuera creíble. Si la historia hubiera sido clara desde el principio, no sería aceptada por el lector. Había demasiada truculencia, demasiados excesos en todo lo que ocurrió y era mejor que esa historia fuera llegando de una manera nublada para que el propio lector, impulsado por la curiosidad y por el deseo de saber, fuera contribuyendo de una manera creativa a establecer la trama.

Yo quería que la historia se fuera formando en la memoria del lector a medida que éste colocara cada figura en su lugar, como si se tratara de un gran rompecabezas. De todas las novelas que he escrito, *Conversación en La Catedral* es probablemente la que más trabajo me costó. La escribí justo después de *La casa verde*, que fue una novela muy marcada por Faulkner, donde el lenguaje se interpone entre el lector y la historia como si fuera un personaje muy vistoso. Yo no quería que en *Conversación en La Catedral* ocurriera lo mismo y quizá por eso el lenguaje intenta ser transparente, puramente funcional, al extremo de que la historia pareciera vivir por sí misma, sin pasar por el lenguaje. Busqué un lenguaje totalmente invisible. Trabajé mucho en las distintas redacciones de la novela, eliminando todo uso del lenguaje que no fuera un puro instrumento de la trama. Esas primeras versiones de *Conversación en La Catedral,* que son mucho más amplias que la novela publicada, están en los archivos de la biblioteca de Princeton. Después fui ciñendo y ciñendo, recortando mucho, buscando esa desnudez del lenguaje que no tenían ni *La casa verde* ni *La ciudad y los perros.*

Esa estructura tenía una ventaja más: si yo hubiera desarrollado toda la historia cronológicamente, habría tenido que escribir no un libro sino una saga, porque es una historia que contiene muchísimas tramas distintas, que pueden leerse como relatos que valen por sí mismos. Pero la estructura de la conversación central me permitía contar lo esencial de cada historia, trabajar con datos escondidos y ocultar buena parte de los antecedentes y de las consecuencias de ciertas anécdotas que el lector podía imaginar por sí mismo para ir completando las tramas poco a poco.

Me han preguntado mucho sobre la forma de *Conversación en La Catedral,* y yo creo que la forma es fundamental porque la literatura es forma: es estructura y organización de tiempo. Pero a mí nunca me ha interesado la forma disociada de la historia, de los personajes, de la trama. Mi punto de partida para escribir una novela siempre ha sido una historia, o un personaje o una situación dada. Luego va saliendo la forma, que permite ver claro lo que se quiere contar. El gran trabajo creativo consiste en encontrar la forma que mejor permita aprovechar la anécdota, darle más relieve y más verosimilitud a los personajes y a las ocurrencias de la narración. La forma va surgiendo como una transpiración de la propia anécdota y al mismo tiempo me permite ver claro, porque nunca veo claro hasta que tengo una historia ya hecha.

Esa manera que tengo de trabajar cristalizó cuando escribí *Conversación en La Catedral*. Cuando comencé a escribir me sentí perdido en una gran confusión, con nociones muy vagas de la forma, hasta que tuve la idea de esa conversación central que iba llamando a distintas conversaciones.

RG: En 1992 la revista *Vuelta* publicó un número dedicado a la «defensa de la literatura difícil» en el que participaste tú también. En esa época había una presión política para hacer un tipo de literatura que resultara accesible a un público muy amplio, pero tú, como muchos escritores, defendiste ese tipo de literatura difícil.

MVLL: La dificultad no nace de una voluntad puramente artística sino de una necesidad de representar una realidad complicada, una vida complicada, un mundo complicado. Las novelas de caballerías, por ejemplo, presentan una realidad que tiene sólo dos dimensiones: cuentan lo que viven y su experiencia ignora buena parte de la realidad. Pero la novela va evolucionando junto con la historia y los avances de la civilización. En el mundo moderno sabemos que hay una dimensión de nuestra personalidad que no controlamos, pero que está ahí y que guía de algún modo nuestra conducta: hay una interioridad fascinante. La novela moderna quiere llegar a expresar todas las dimensiones de la realidad. Pero ¿cómo hacer para expresar esa dimensión secreta de la interioridad? Hay que encontrar un lenguaje y una estructura capaces de comunicarlo. Lo que hace Joyce no es una cosa gratuita: inventa un lenguaje, una forma, para expresar ese mundo que viene del subconsciente, una dimensión que no pasa por la razón. Él crea una forma que de alguna manera introduce al lector en esa interioridad. Escribir novela después de Joyce, después de Faulkner, ya no es lo mismo: ya no es posible escribir con la ingenuidad de un novelista del siglo XIX. Podemos admirar la literatura del siglo XIX, pero hoy nadie podría escribir como Stendhal porque esa forma sólo expresaría un fragmento de nuestra realidad del siglo XXI. La complejidad de la novela nace de la confrontación con un mundo que es infinitamente más rico, más diverso, más sutil del que conocían nuestros ancestros. Los grandes escritores modernos han sido capaces, dentro de la tradición, de crear nuevas técnicas y nuevas estructuras que permiten contar esos nuevos niveles de realidad que conforman el conocimiento de nuestro tiempo.

RG: ¿Podrías hablarnos de los autores que leíste mientras estabas escribiendo la novela?

MVLL: Hay varios autores que yo leí y que dejaron sus huellas en *Conversación en La Catedral:* Faulkner, pero también Dos Passos, que me enseñó a describir la ciudad moderna. *USA,* la trilogía de Dos Passos, es una de las grandes novelas modernas: utiliza una técnica novedosa para mostrar una ciudad en movimiento, con decenas y decenas de personajes que demuestran la complejidad social de ese gran hormiguero que es la metrópolis moderna y esa efervescencia que marca el ritmo de nuestro tiempo. En el caso de este escritor, la complejidad viene de ese anhelo de crear una literatura que exprese la realidad del mundo moderno.

RG: Veamos un ejemplo concreto de la técnica narrativa que aparece en *Conversación*. En el segundo capítulo del primer libro, hay una escena en donde Zavalita y Popeye tratan de seducir a la sirvienta Amalia. Hay un diálogo entre los dos amigos, que luego se entreteje con otro diálogo que ellos sostienen, meses después, en otro lugar. La primera conversación ocurre en la casa de los Zavala, cuando los dos amigos y la sirvienta son sorprendidos en la recámara por los padres de Zavalita que regresan inesperadamente a la casa. En esa escena hay otro diálogo intercalado entre los mismos personajes —Zavalita, Popeye y Amalia— que ocurre semanas después en la casa de Amalia, cuando los dos chicos van a visitarla para llevarle cinco libras porque se sienten culpables de lo que pasó. En esta escena están muy claros los cortes temporales y espaciales:

—Tu madre se había olvidado que tenía invitados a almorzar mañana —dijo don Fermín—. Las voladuras de tu madre, cuándo no.
Con el rabillo del ojo, Popeye vio salir a Amalia con la charola en las manos, miraba el suelo y caminaba derechita, menos mal.
—Tu hermana se quedó donde los Vallarino —dijo don Fermín—. Total, se me malogró el proyecto de descansar este fin de semana.

—¿Ya son las doce, señora? —dijo Popeye—. Me voy volando. No nos dimos cuenta de la hora, creí que serían las diez.

—Qué es de la vida del senador —dijo don Fermín—. Siglos que no se lo ve por el club.

Salió con ellos hasta la calle y allí Santiago le dio una palmadita en el hombro y Popeye le hizo adiós: chau, Amalia. Se alejaron en dirección a la línea del tranvía. Entraron a El Triunfo a comprar cigarrillos; hervía ya de borrachines y jugadores de billar.

—Cinco libras por las puras, un papelón bestial —dijo Popeye—. Resulta que le hicimos un favor a la chola, ahora tu viejo le dio un trabajo mejor.

—Aunque sea, le hicimos una chanchada —dijo Santiago—. No me arrepiento de esas cinco libras.

—No es por nada, pero estás tronado —dijo Popeye—. ¿Qué le hicimos? Ya le diste cinco libras, déjate de remordimientos.

Siguiendo la línea del tranvía, bajaron hasta Ricardo Palma, y caminaron fumando bajo los árboles de la alameda, entre filas de automóviles.

—¿No te dio risa cuando dijo eso de las Coca-Colas? —se rió Popeye—. ¿Tú crees que es tan tonta o se hacía? No sé cómo pude aguantarme, me orinaba de risa por adentro.

—Te voy a hacer una pregunta —dice Santiago—. ¿Tengo cara de desgraciado?

—Y yo te voy a decir una cosa —dijo Popeye—. ¿Tú no crees que nos fue a comprar las Coca-Colas de puro sapa? Como descolgándose, a ver si repetíamos lo de la otra noche.

—Tienes la mente podrida, pecoso —dijo Santiago.

—Pero qué pregunta —dice Ambrosio—. Claro que no, niño.

—Está bien, la chola es una santa y yo tengo la mente podrida —dijo Popeye—. Vamos a tu casa a oír discos, entonces.

—¿Lo hiciste por mí? —dijo don Fermín—. ¿Por mí, negro? Pobre infeliz, pobre loco.

—Le juro que no, niño —se ríe Ambrosio—. ¿Se está haciendo la burla de mí?

—La Teté no está en la casa —dijo Santiago—. Se fue a la vermouth con amigas.

—Oye, no seas desgraciado, flaco —dijo Popeye—. ¿Me estás mintiendo, no? Tú me prometiste, flaco.

—Quiere decir que los desgraciados no tienen cara de desgraciados, Ambrosio —dice Santiago.

MVLL: Es un pasaje muy bien elegido, porque aquí se ve que hay episodios y tiempos distintos. Hay una conversación central, lo que llamo la columna vertebral de la novela, que es la conversación de Ambrosio con Zavalita: allí estamos cuando Santiago dice «Te voy a hacer una pregunta»: lo sabemos por el tiempo verbal de la narración, que está en presente. Cada vez que aparece ese presente, volvemos a ciertos momentos de la conversación de Ambrosio con Zavalita, porque no está toda reproducida literalmente: sólo están ciertos fragmentos clave, que están llamados por el contexto, por otra anécdota que se está contando y que alude de alguna manera a ese momento del diálogo entre Ambrosio y Zavalita.

Cuando Santiago le pregunta a Ambrosio «¿Tengo cara de desgraciado?», siguen muchos diálogos de otras historias hasta que de repente aparece la respuesta: «Le juro que no, niño —se ríe Ambrosio—. ¿Se está haciendo la burla de mí?», con la que volvemos a la conversación central, en donde también está situado el comentario de Zavalita: «Quiere decir que los desgraciados no tienen cara de desgraciados, Ambrosio —dice Santiago».

Hay otra conversación que aparece entretejida allí, entre Ambrosio y su patrón don Fermín. No sabemos dónde ni cuándo ocurre, pero sabemos que aparece intercalada allí: «¿Lo hiciste por mí? —dijo don Fermín—. ¿Por mí, negro? Pobre infeliz, pobre loco». ¿Qué es lo que hizo Ambrosio por don Fermín? Es una alusión al crimen que ha cometido el negro Ambrosio por lealtad, por respeto, por amor a su patrón y que el lector descubrirá más tarde. Pero es la única alusión a ese crimen en esta sección.

Tenemos allí dos situaciones y dos tiempos muy distintos entre sí, aunque con personajes comunes: Ambrosio participa en ambas conversaciones. Hay otra conversación que se asoma por ahí, entre Popeye y Santiago, que también ocurre en dos periodos distintos. Popeye y Zavalita han ido a ver a Amalia —el lector sabe que los Zavala la echaron de la casa después de encontrarla en la recámara con Zavalita y Popeye— porque Zavalita tiene remordimientos y convence a su amigo de que vayan a casa de la chola a llevarle cinco libras. Entonces hay alusiones al episodio donde aquello ocurrió, que se entretejen con la conversación que sostienen Popeye y Zavalita después de haberle entregado el dinero a Amalia. Y hay otro episodio: el momento en que don Fermín y la madre llegan a la casa y sorprenden a Popeye y a Santiago tratando de violar a la sirvienta.

Si esos episodios se hubieran contado separadamente, con el orden cronológico que corresponde, ese diálogo de dos páginas hubiera requerido veinte o treinta cuartillas. El tiempo aquí es una construcción artificial de hechos realistas. No hay nada que no sea verosímil: todo es perfectamente reconocible a través de la propia experiencia del lector. Lo único que no es realista es la estructura, es la organización del tiempo. Eso es muy importante porque toda novela crea un tiempo propio, que a veces puede parecerse al tiempo real, aunque nunca es el tiempo real porque hay silencios y hay detalles que han sido escondidos. Una novela que pretendiera narrarlo todo produciría un vértigo infinito.

Claude Simon, uno de los novelistas del *nouveau roman,* escribió un ensayo para demostrar que el realismo es imposible. El ensayo decía: si el realismo existe, vamos a hacer el ejercicio de describir un paquete de cigarrillos Gauloises de una manera realista, incluyendo todos los datos posibles sobre este objeto. Comencemos —escribe Simon— por describir la caja, su tamaño y su diseño. Después vamos a describir lo que contiene la caja, los cigarrillos Gauloises, y el papel del que están hechos y el tabaco también. Pero no podemos quedarnos ahí, de lo contrario no seríamos realistas. Tendríamos que ir al origen y preguntar ¿dónde nace ese tabaco? Y especificar si se trata de un tabaco de Cuba, de Santo Domingo, de la Martinica. ¿Y ese papel? ¿Dónde están las fábricas que producen ese papel? Y no podemos olvidarnos del sistema de distribución que mueve todos esos ingredientes.

La descripción de ese paquete de cigarrillos resulta imposible, porque para ser verdaderamente realista el escritor puede pasarse toda una vida inventariando todos los elementos que conforman ese paquete de cigarrillos. Por eso Claude Simon concluye que el realismo no existe y que lo más que puede hacer un escritor que se cree realista es sintetizar y crear apócopes narrativos de una realidad que es infinita y que está marcada por un número vertiginoso de variantes. La literatura nunca es realista, aunque lo parezca, porque siempre depende de la personalidad del escritor, de su poder de síntesis, de su fantasía y de sus intereses. La tesis de Claude Simon es útil para pensar *Conversación en La Catedral*: los hechos narrados allí son realistas —no hay nada mágico ni sobrenatural en la trama—, pero el tiempo y la manera en que esos distintos tiempos están unidos a pesar de que transcurren en momentos distintos de la experiencia de los personajes hacen que esa construcción sea literaria y no realista.

RG: Parecería que *Conversación en La Catedral* le tiende una trampa al lector: aparecen los mismos personajes —en este caso Popeye, Zavalita, Amalia— y vamos siguiendo su diálogo, pero de pronto hay un salto espacial que nos lleva, sin ningún aviso, de la casa de los Zavala a la calle. Este tipo de saltos producen un sentimiento de desorientación en el lector, que no sabe si sigue en el mismo espacio temporal o si ya se ha dado un cambio.

MVLL: Hay muchos saltos temporales en la novela, pero lo importante es que la trama siempre mantiene una cierta unidad, que en este caso está dada por los personajes, que son comunes a las dos historias: la de la casa de los Zavala y la de la calle. Los personajes forman el lazo de unión, el común denominador en esos dos episodios que están unidos en la narración y que ocurren en dos tiempos y en dos espacios distintos. Puede resultar confuso en una primera lectura, sin duda, pero la memoria del lector va reconstruyendo la cronología y la va integrando a la trama, quizá no siempre de una manera totalmente precisa, pero eso no afecta el sentido más amplio de la historia.

Es cierto que esta técnica hace que la lectura se vuelva difícil, porque exige la participación del lector. No es para lectores pasivos sino para lectores muy atentos, que sean capaces de ir reconstruyendo constantemente una realidad desmembrada. Aunque ese desmembramiento no es artificial, porque contada de otra manera, esta historia resultaría demasiado truculenta, demasiado banal, demasiado previsible. El misterio, la densidad, la intensidad de la trama de *Conversación en La Catedral* nacen justamente de su estructura y de su técnica narrativa.

RG: ¿Qué orden seguiste durante el proceso de escritura de la novela? ¿Escribiste primero algunas historias y luego otras? ¿Primero la historia de la casa de los Zavala y luego la de la visita a casa de Amalia?

MVLL: Yo escribí episodios sueltos primero, hasta que encontré esa estructura, con una conversación central y otras conversaciones que van entrando y saliendo, como llamadas, por alusiones, por la presencia de los mismos personajes. Y entonces fui escribiéndola así, de una manera muy caótica al principio, porque a mí mismo se me perdían muchas veces los enlaces, hasta que poco a poco, a base de un enorme trabajo de reescritura constante, fui definiéndolo y puliéndolo todo, como se ve en los manuscritos que están en los archivos de Princeton.

Los críticos me han preguntado: «¿Tú escribiste primero una historia cronológica y después la cortaste y la mezclaste?». No, en absoluto. Fui escribiendo la historia de esa manera desestructurada, desde el punto de vista cronológico, y luego fui evitando los saltos demasiado bruscos que podían hacer que se perdiera la continuidad o la atención del lector. Esa técnica busca mantener el suspenso, descolocando al lector para interesarlo más en lo que está ocurriendo, en lo que va a ocurrir o en lo que ha ocurrido ya. Los hechos que narra la historia son realistas —algunos muy truculentos, otros muy violentos—, porque no hay nada que no ocurra en la realidad. Se le puede llamar una obra realista, pero solamente en su trama y en sus personajes, y no en su estructura, en su construcción.

DIEGO NEGRÓN-REICHARD: ¿Ya sabía desde el principio cómo iba a concluir la historia? ¿O fue cambiando la trama siguiendo un proceso creativo?

MVLL: No, no lo sabía en absoluto. Sabía que quería escribir una novela sobre la dictadura de Odría, que fue más corrompida y corruptora que violenta, aunque también había violencia. La historia que yo quería contar era cómo una dictadura de esa índole se infiltra en la vida privada para destrozar las relaciones entre padres e hijos, para destruir una vocación, para frustrar a las personas. Quería mostrar cómo una dictadura termina por desmoralizar incluso a quien tiene una buena entraña, a quien tiene una decencia natural. Si una buena persona quiere salir adelante en ese mundo, se ve obligada a hacer concesiones morales, cívicas y políticas. Quería narrar cómo eso afectaba todos los niveles de la sociedad: la oligarquía, el pequeño sector de la clase media, pero también los sectores populares. Me interesaba retratar una sociedad en la que la dictadura política tiene un efecto en las actividades más alejadas de la política: la vida familiar, la vida profesional, las vocaciones de las personas. La política lo infecta todo y crea en el seno de las familias y en los propios ciudadanos un tipo de derivas que no se hubieran dado jamás sin esa fuerza corruptora que es el poder político. Ésa fue mi primera idea.

Hice muchas notas. Al principio quise contar esa historia a través de un guardaespaldas, una especie de matón que carece de moral, que puede defender o golpear según quién le pague. Y pensé que ese personaje, que se llama Ambrosio en la novela, podía ser el bueno. Pero después me di cuenta que no, que no debía haber un personaje central, para que la historia pudiera difuminarse en muchos personajes.

LOS PERSONAJES

RG: El crítico hispano-dominicano Carlos Esteban Deive publicó un artículo que incluye un directorio de todos los personajes de *Conversación en La Catedral*. Empieza con la familia Zavala y los otros miembros de la burguesía y sigue su repertorio, dividiendo a los personajes por profesión y clase social:

oficiales del gobierno, periodistas, policías, obreros, y así hasta llegar a los matones y las prostitutas. Cuenta, en total, setenta personajes. ¿Cómo hiciste para llevar un inventario de todos esos personajes mientras escribías la novela?

MVLL: Esos personajes representan todo el espectro de la sociedad peruana de aquella época. No los tuve todos al principio: fueron brotando a medida que la historia necesitaba tocar más ambientes y cubrir otros espacios de ese mundo. Algunos son muy pasajeros y otros más permanentes. Pero sí tuve desde un principio la idea de un conjunto que mostrara una sociedad en plena efervescencia, con sus grandes contradicciones, con sus grandes diferencias, con su habla, su lenguaje y sus modismos. Así fueron surgiendo los personajes —salvo el grupo pequeñito que es el más constante—, a medida que avanzaba con las tramas que al final se enlazan con una sola historia.

RG: Los críticos de Marcel Proust han dedicado muchos libros a indagar las «claves» de sus personajes, es decir, a identificar a los amigos del novelista que le sirvieron de modelo. Proust objetó que la realidad era mucho más compleja y que lo que él creó eran amalgamas, tomando, por ejemplo, la personalidad de un amigo, el físico de un pariente, la frase de una conocida, y vertiendo todo eso en un personaje literario. ¿Hay modelos para los personajes de *Conversación en La Catedral*? ¿O se trata, como en el caso de Proust, de amalgamas?

MVLL: Los personajes literarios son siempre amalgamas. Es cierto que hay modelos tomados de la vida real que le sirven como punto de partida al autor, porque un ser cien por ciento inventado no existe. Todos los autores han tenido en algún momento un modelo aunque luego la imaginación y el desarrollo mismo de la historia van modelando al personaje, orientándolo en un cierto sentido, dándole una cierta psicología y una manera de hablar. Hay un proceso de amalgama, porque un novelista toma los ojos de una persona, el pelo de otra, las orejas de una tercera, y así va construyéndolo. Al final es esa selección de componentes la que le da una originalidad a esa creación, y la que refleja la fantasía del autor. Por eso nunca se puede hablar de un modelo absolutamente real, aunque algunas creaciones del autor pueden, como punto de partida, estar inspirados en hombres o mujeres de carne y hueso. Hay que recordar que en última instancia los personajes literarios están hechos de palabras. Hay una cesura tan grande entre un ser literario y una persona de carne y hueso que nadie tendría derecho a sentirse representado en una novela. Aunque algunos de ellos tengan modelos en la realidad, en la literatura pasan a ser otros, puras creaciones verbales.

RG: En *Conversación en La Catedral* hay personajes que hablan, pero no hay un narrador que los juzgue o que interprete la trama. Recuerdo un texto sobre el *Tirant lo Blanc* en el que escribes que para que funcione una novela, el narrador no debe juzgar a sus personajes: son ellos quienes, a través de sus acciones y sus palabras, demuestran qué tipo de seres son, si buenos o malos, si son sinceros o hipócritas.

MVLL: Ésa es una idea flaubertiana, que me parece absolutamente válida: el narrador debe ser como Dios y estar con todos sus personajes, estar en todo lo que ocurre, pero no ser visible en ningún momento. Debe ser una fuerza muy activa detrás de todo lo que ocurre, pero nunca meterse a opinar o a juzgar, ni interferir en la acción, porque la verosimilitud depende enteramente de esa neutralidad. El narrador no debe inmiscuirse con sus emociones, con sus juicios, con sus prejuicios en la vida de sus creaciones. Ésa fue la gran lección de *Madame Bovary:* se narra, no se opina, no se discute, no se juzga. Ésa es la función del narrador. Yo creo haber seguido esa lección siempre, salvo cuando aparece un narrador que es también un personaje de la trama. Si el que cuenta la historia es un narrador de este tipo, desde luego que puede expresar sus reacciones, sus juicios y sus prejuicios: opina desde lo que es, desde el punto de vista de uno más de los actores de la trama.

RG: En *Conversación en La Catedral* todos los juicios de valor sobre los personajes los emiten otros personajes de la novela. Un ejemplo: cuando Ambrosio habla con Santiago sobre su padre, Santiago lo critica: lo trata de burgués, lo trata de hipócrita, mientras Ambrosio lo defiende.

MVLL: Lo defiende, además, con un enorme respeto.

Cayo Bermúdez

RG: En *El pez en el agua* narras el encuentro que tuviste, cuando estudiabas en la universidad, con la fi-

84

gura que inspiró al personaje de Cayo Bermúdez, el jefe de la Policía de Odría. ¿Puedes hablarnos de cómo creaste a ese personaje de ficción a partir de ese encuentro?

MVLL: Entré a la Universidad de San Marcos en el año de 1953. En aquel momento había dos universidades en el Perú: la Universidad Católica y San Marcos, que era una universidad pública y una de las dos más antiguas en América Latina, junto con la de Santo Domingo. En San Marcos estudiaba gente muy humilde y en la Católica, niños de buenas familias y de las clases medias altas. Esas diferencias se han ido borrando después, pero en ese tiempo eran clarísimas. Yo quise ir siempre a San Marcos, incluso en contra de los deseos de mi familia, porque quería acercarme a la oposición a la dictadura de Odría.

Odiaba a Odría, y ese odio lo compartía con mi familia. Cuando estaba en el colegio leí un libro que me convenció que la única manera seria de luchar por una sociedad diferente, justa, era siendo comunista. Y como se decía que San Marcos era una universidad rebelde donde estaban los comunistas, quise ir allí. Entonces entré a San Marcos, que estaba, como todas las instituciones en el Perú, muy controlada por el gobierno. La dictadura había metido policías disfrazados de estudiantes y debíamos tener muchísimo cuidado con lo que decíamos en las clases. Era una de las pocas instituciones donde había una resistencia real a la dictadura, al grado de que los estudiantes militaban en dos partidos clandestinos de oposición. Uno de ellos, el mayoritario en ese tiempo, era el Partido Aprista, que tenía una orientación socialista, y que fue muy reprimido por los gobiernos militares. Estaban también los comunistas, que pertenecían a un partido muy pequeñito, en el que yo milité un año. Como decía un amigo mío, los comunistas éramos «muy pocos, pero bien sectarios». En nuestra célula de San Marcos éramos quince y aunque los trotskistas no pasaban de tres, repetíamos la consigna de que «el enemigo principal es el trotskismo», siguiendo la línea estalinista.

Éramos tan poquitos porque el Partido Marxista había sufrido una represión terrible en el año 52, a raíz de una huelga política que se hizo en San Marcos. Casi todos nuestros dirigentes estaban presos, o en el exilio, o habían sido asesinados. Había estudiantes presos en el Panóptico, que era una cárcel en el centro de Lima, y un día nos enteramos que los tenían durmiendo en el suelo. Los miembros del grupo Cahuide, que era el nombre que tenía el Partido Comunista en ese momento, decidimos organizar una colecta para llevarles unas frazadas. Conseguimos comprarlas y llevarlas al Panóptico, pero ahí el director de la cárcel nos dijo: «Aquí no se puede entregar nada a los presos si no hay una orden del director de Gobierno», es decir, del jefe de la Seguridad del Estado, un personaje casi mítico, que se llamaba Alejandro Esparza Zañartu y era el brazo derecho de Odría. Era un hombre muy eficiente en su trabajo: en la universidad infiltraba policías disfrazados de estudiantes y lo mismo hacía en los sindicatos. Él era quien realmente controlaba toda la maquinaria represora de la dictadura.

Discutimos mucho en la célula si íbamos a pedirle o no al director de Gobierno que nos permitiera entregar esas frazadas. Finalmente la mayoría votó a favor y formamos una delegación de cinco estudiantes. Pedimos una audiencia con Esparza Zañartu. Nos dio cita y nos dirigimos al Ministerio de Gobierno, que estaba en un viejo edificio en el centro de la ciudad. Todos estábamos muy inquietos porque no sabíamos si íbamos a salir de esa cita, si nos encerrarían en el Panóptico también. Después de esperar, nos hicieron pasar a una oficina en donde estaba un personaje sentado en su escritorio. Y resulta que el temible jefe de la Seguridad era un hombrecillo enclenque que estaba hundido en su silla. Me impresionó mucho descubrir que era muy poquita cosa: tenía la cara como apergaminada y el ceño fruncido. Ni siquiera nos saludó. Nos tuvo de pie a los cinco, frente a su escritorio. Hablamos como habíamos acordado: uno primero, el otro después, explicando que queríamos llevarles unas frazadas a nuestros compañeros porque los tenían durmiendo en el suelo. Él no se movía y nos miraba, sin decir una palabra. Yo lo miraba también y pensaba: «Le tenemos tanto miedo a este hombre y mira lo que es: es una piltrafa humana».

De repente abrió un cajoncito y sacó unas hojas de mimeógrafo, y nos mostró un número de *Cahuide*, el periodiquito clandestino que hacíamos los estudiantes comunistas. Nos pusimos muy nerviosos porque todos trabajábamos en esa publicación. Esparza Zañartu seguía mirándonos y dijo: «¿Y esto? No hay número que no me lo dediquen a mí, así que les estoy muy agradecido porque se ocupan tanto de mí. ¿Y para eso van ustedes a la universidad? ¿Para planificar la revolución comunista y para insultarme?». Nosotros nos quedamos como paralizados porque ese hombre parecía gozar de la omnisciencia, sabía todo lo que hacíamos. «Yo sé dónde se reúnen —nos decía—, yo sé dónde está el mimeógrafo, yo sé dónde hacen este pasquín». No recuerdo cómo terminó la entrevista, creo que al final nos dio permiso para llevar las frazadas, pero lo que sí recuerdo es que yo me dije: «Tengo que escribir una historia donde un personaje como éste sea el protagonista, porque ese hombre tan poderoso que mete gente a la cárcel y manda matar es una nulidad humana».

Así surgió la idea de escribir una historia en la que un personaje como él sería el protagonista. Pasaron muchos años pero cuando por fin escribí *Conversación en La Catedral,* lo hice pensando en ese encuentro. Cuando salió la novela los periodistas reconocieron a Esparza Zañartu —en esa época ya había vuelto del exilio y estaba viviendo en una chacrita en las afueras de Lima—, y fueron a entrevistarlo y le dijeron que estaba retratado en el Cayo Mierda de *Conversación en La Catedral.* Él respondió algo que nadie se esperaba: «Hombre —les dijo—, si Vargas Llosa hubiera venido a consultarme, yo le habría contado cosas más interesantes que las que él ha escrito en su novela». Ahora pienso que seguramente tenía razón: si me hubiera contado las barbaridades que hizo, mi personaje habría sido aún peor.

Carlitos

RG: Hay un pasaje en el que Carlitos, uno de los compañeros de Zavalita en *La Crónica,* se queja del periodismo. Dice: «Entras y no sales, son las arenas movedizas. Te vas hundiendo, te vas hundiendo. Lo odias pero no puedes librarte. Lo odias y, de repente, estás dispuesto a cualquier cosa por conseguir una primicia. A pasarte las noches en vela, a meterte a sitios increíbles. Es un vicio, Zavalita».

MVLL: Carlitos Ney está hablando no solamente del periodismo, sino también de sí mismo, porque él quería ser un poeta pero el periodismo le comió la vida y se lo tragó. El periodismo, pero también la bohemia: se acostumbra a salir de la redacción del periódico a los bares y se va volviendo un alcohólico. Mantuvo su vocación de escritor pero ya casi no la ejercitó. Y al final ese muchacho, que parecía que iba a ser un poeta importante, no llega a publicar nunca un libro. Por eso tiene esa ojeriza tremenda, porque piensa que el periodismo lo hundió. En realidad se hundió él. Muchos jóvenes que querían ser escritores, poetas o novelistas, vieron en el periodismo una actividad que les fue fracturando la vida y que terminó por destruir en ellos esa primera vocación.

Hortensia

RG: Hortensia es un personaje fascinante que nos permite ver cómo la política tiene efectos sobre los sectores de la población que carecen de conciencia política. ¿Cómo concebiste a este personaje? ¿En qué momento entró en la novela?

MVLL: Hortensia es un personaje que está por encima de lo que es, porque su vida es muy limitada. Es una mujer que vende su cuerpo por placer, pero también es alguien que piensa, que tiene una perspectiva sobre lo que ocurre. Yo quise que la Musa —que es un tipo de prostituta más frívola— tuviera a alguien en su círculo que fuera capaz de verla con una mirada crítica, que pudiera tomar cierta distancia al observarla en su relación con Cayo Bermúdez. Hortensia abre la puerta hacia esa intimidad donde el lector descubre lo que ocurrió realmente entre Ambrosio y la Musa. Necesitaba que además de ser prostituta fuera inteligente, fuera sensible, y pudiera introducir un episodio violento, sangriento, criminal. Ella habita la parte más oscura de la novela, por la tremenda violencia que entraña. Pero Hortensia es un personaje muy ambiguo: no tiene cultura pero sí tiene inteligencia natural que le permite hacer observaciones muy juiciosas sobre su medio y sobre los personajes que frecuenta.

RG: En *Conversación en La Catedral* la vida política se mete hasta en la recámara e influye en la vida sexual de los personajes.

MVLL: Me interesaba analizar cómo el sexo puede convertirse en una especie de vía escapatoria. La represión crea un clima de asfixia que estimula la actividad sexual, porque la gente busca en la intimidad una especie de subterfugio para escapar de la claustrofobia en la que vive. La vida sexual se exacerba en una sociedad agobiada por la dictadura.

RG: Hay acontecimientos históricos que ocurren en la novela —por ejemplo, la huelga de Arequipa— que los lectores ven a través de la mirada de Hortensia. En esa huelga hay muchos intereses políticos, pero Hortensia lo ve de una manera más personal y más directa: si los huelguistas logran destituir a Cayo, ella se queda sin dinero.

BEN HUMMEL: Queta parece un personaje más frívolo que Hortensia, pero tiene momentos de mucha lucidez. Hay un momento en que dice: «Bola de Oro me da más asco que Cayo». Allí hay algo muy bien visto: Cayo es malo, pero por lo menos es consecuente con su maldad, mientras que don Fermín presenta una fachada de bueno que esconde una personalidad muy corrupta, muy oscura.

MVLL: Claro, porque don Fermín es un hipócrita. Tiene una fachada de caballero respetable, pero lleva una vida que no es nada respetable y que está llena de secretos.

DN: Hortensia parece tener un efecto democratizador: todos los que llegan a su casa, sean ricos o pobres, poderosos o débiles, se vuelven iguales. Todos toman, bailan y participan en las orgías. Es como si la casa de Hortensia fuera un espacio igualitario que obliga a todos a relacionarse en el mismo nivel, y eso lo logra a través de su sexualidad.

MARLIS HINCKLEY: Hay una ambigüedad en el personaje de Hortensia: ella cree que las fiestas son para ella y para Queta, pero sabemos que Cayo las usa para hacer política por otros medios. ¿Qué tanto control tiene Hortensia sobre su vida? ¿O se trata simplemente de un peón en el juego de Cayo?

MVLL: Hortensia llega a tener cierta influencia sin ninguna duda, pero al mismo tiempo es muy ingenua. Cree que vale por sí misma cuando en realidad vale por el poder que Cayo Bermúdez le concede, y del que se sirve también para sus propios fines. Ella es capaz de ver más allá y de tener una perspectiva sobre lo que ocurre a su alrededor. Su testimonio es importante: tiene sus intereses personales, que son muy pequeñitos, pero eso no le impide tener una visión de conjunto sobre los personajes que la rodean. Llega a tener cierto poder por lo que sabe, por lo que ha dicho, por lo que conoce. Por eso se vuelve peligrosa y por eso la matan.

RG: Me imagino que el personaje de Hortensia surgió, en parte, de tu experiencia en *La Crónica* y de tu participación en ese mundo donde circulaban constantemente rumores sobre la vida sexual de los políticos y de los hombres más poderosos del Perú.

MVLL: Absolutamente: es algo que ocurre con frecuencia en las sociedades represivas. Cuando no se puede hablar de algo, la gente le da rienda suelta a su imaginación: la censura se convierte en un gran incentivo para que la fantasía se desate. Las conversaciones sucias, las bromas de tema sexual se despliegan de manera inversamente proporcional a la represión que domina la vida oficial, en donde esos temas no se tocan ni se mencionan. La represión genera un agigantamiento de la curiosidad y de la maledicencia. Eso ocurre constantemente en *Conversación en La Catedral*.

DN: El personaje de Hortensia también nos muestra otro aspecto de la personalidad de Cayo Bermúdez. Cayo aparece siempre desinteresado, desganado, cuando se trata de asuntos políticos o incluso económicos. El único momento en que muestra un interés sincero es cuando visita a Hortensia. Es como si en esa casa se permitiera vivir pasiones a las que no tiene acceso en otras dimensiones de su vida.

MVLL: Cayo Bermúdez vive en una sociedad profundamente machista. Quiere sentirse importante y poderoso, y tener una amante como Hortensia lo hace sentir que ha progresado en la pirámide social, que ha alcanzado el estatuto de un señor. En una sociedad machista, tener queridas —y sobre todo queridas guapas— significa haber llegado a un nivel social y económico con el que no podía ni soñar cuando era mercader de vinos.

Lo interesante de Cayo es que nunca se imaginó que llegaría a tener tanto poder. Es un señor que «se encontró con su destino», para citar una frase de Borges: era un personaje oscuro, un comerciante en una provincia menor. Pero su compadre, que llegó a ser presidente de la República, lo llama un día para ofrecerle el cargo de director de Gobierno: un cargo pequeño y burocrático que Cayo convierte en un puesto de mucho poder, desde donde se ejerce la represión y del que depende la supervivencia del régimen. De esa manera ese pobre diablo se convierte en un hombre importantísimo. No era nadie, no existía, era un pequeño comerciante que además no tenía suerte en sus negocios y que se había casado con la hija de la lechera, una mujer fea que además no lo quiere. Y pasa a ser un hombre temido, odiado, que tiene el poder de decidir la vida, la libertad, la muerte de muchos peruanos. Él consolida todo eso ante sí mismo, pagándose una querida de alto nivel, porque Hortensia no es una querida cualquiera. No se puede decir que esté enamorado de ella ni muchísimo menos: es un objeto de placer que lo hace sentirse poderoso, por encima de sus orígenes, de su medio. Todo eso resulta más comprensible en el contexto de una sociedad de grandes desigualdades, de una sociedad machista, que vive una terrible represión.

VICTORIA NAVARRO: Hortensia es un personaje que me recuerda a la doña Adriana de *Palomino Molero:* las dos son mujeres que viven en un mundo machista y que tienen que apropiarse de los instrumentos del machismo para poder sobrevivir.

MVLL: En una sociedad machista, la mujer es una víctima en el campo sexual, pero al mismo tiempo tiene privilegios. El machismo convierte a la mujer en un parásito: tiene que ser mantenida porque no debe estudiar ni trabajar. En la época en que transcurre la novela, era mal visto que trabajara una mujer: solamente trabajaban las de baja condición, pero no una señora decente, que debía ocuparse de su casa y de sus hijos. Si pertenecía a una clase media alta, debía ser bien mantenida. Ella tenía que ser fiel, decente, respetable, pero su marido —si tenía el dinero— sí podía tener queridas. El machismo lo distorsiona todo y desfigura la realidad. Y a veces las mujeres asumen esa condición que les impone la sociedad y la confirman con su conducta, con su manera de ser. Hortensia y Adriana son dos figuras marginales en ese mundo. Adriana es una mujer muy humilde, de pueblo. Hortensia pertenece a una clase media baja, mucho más elevada que doña Adriana. Vive del machismo: el machismo la explota y al final la mata, pero también le da dinero, joyas, vestidos, prestigio. El machismo distorsiona profundamente las relaciones humanas, tanto en los hombres como en las mujeres.

Amalia

LARA NORGAARD: Siguiendo con el tema de las mujeres de clase popular en la novela, Amalia, la sirvienta, es otro personaje muy importante. Ella es muy conservadora y viene de un mundo muy tradicional, especialmente en lo que se refiere a asuntos sexuales, pero a pesar de sus prejuicios llega a trabajar a casa de Hortensia y se encariña con ella.

MVLL: Amalia admira a la señora y, de cierta manera, la ama. Pero es una relación desigual, porque para Hortensia Amalia es una sirvienta y lo sigue siendo hasta el final. Ésta es una actitud bastante típica: los esclavos aman a sus patrones aunque ellos los exploten. Es un mecanismo de defensa muy generalizado: un sirviente ama a su patrón porque si lo odiara se sentiría mucho peor. Amar y admirar a esa persona vuelve más llevadera la condición servil.

Amalia no entiende muy bien lo que ocurre: ella es muy humilde y sus valores la hacen ver el mundo desde una perspectiva muy pequeñita. Para ella Hortensia es una gran dama, aunque el lector sabe que una gran dama no se dignaría mirar a Hortensia. Amalia ve en Hortensia a una mujer que se viste con ropa cara, que recibe a personas importantes en su casa: alguien que ha alcanzado un pináculo social. Su perspectiva es muy distinta a la de otros personajes.

RG: Hay un juego literario muy divertido porque el personaje de Amalia, que viene de un mundo muy conservador, es la voz que cuenta las fiestas y las orgías que organiza Hortensia, pero desde un punto de vista muy mojigato.

MVLL: Amalia no entiende muchas cosas. Las cuenta, pero sin entenderlas. El que sí entiende es el lector.

RG: La perspectiva de Amalia está marcada por muchas contradicciones: ella tiene una moralidad muy pequeñoburguesa, pero cuenta las escenas más perversas y más denigrantes, que a ella le parecen normales por la admiración que le tiene a Hortensia.

MVLL: Exactamente. Lo mismo ocurre en el caso de Ambrosio y Fermín. Ambrosio debería odiar a Fermín, que es un hombre que lo explota, laboral y sexualmente, pero las cosas no ocurren así. Ambrosio tiene una admiración casi religiosa por don Fermín y se siente privilegiado gracias a la intimidad que don Fermín le ha concedido. Por eso la relación de Amalia con Hortensia se parece a la de Ambrosio con don Fermín.

Ivonne

JENNIFER SHYUE: Hay una diferencia entre la casa de Hortensia y la casa de Ivonne, que es otro espacio en donde vemos cómo opera el machismo.

MVLL: La casa de Ivonne es un prostíbulo de alto nivel. En el Perú de la época había prostíbulos humildes, pero también elegantes, para gente que tenía más dinero.

Me gustaría señalar que el Perú de hoy no está tan atrasado como el mundo de *Conversación en La Catedral*. Hoy en día las muchachas de familias burguesas van a la universidad, se reciben de profesionales, participan en la vida económica de la sociedad, y en algunos casos llegan a tener cargos directivos importantes. Todo esto era imposible en los años cincuenta. Ha habido una evolución que es considerable en muchos campos. Se está muy lejos todavía de la sociedad absolutamente igualitaria entre hombres y mujeres, que aún no existe, ni siquiera en los países más avanzados. Todavía hay un cierto desfase. El machismo, que viene desde el fondo de los siglos, todavía se hace presente incluso en las sociedades más modernas.

Aída

LN: Aída es la única mujer en la novela que no es ni burguesa ni prostituta.

MVLL: Ella es una activista política, ella quiere cambiar las cosas, actúa en un mundo que está muy marcado por los hombres.

LN: Sí, pero también aparece como un objeto, porque Santiago está enamorado de ella, y Jacobo también: su función principal en la novela es ser la mujer deseada por dos hombres que luego compiten para ver quién se queda con ella. Aída parece ser la mujer más fuerte del libro, pero también termina siendo un objeto que se disputan dos de los personajes masculinos.

MVLL: Allí entramos en un terreno muy controvertido. Aída es una persona que tiene mucha conciencia de lo que anda mal en su sociedad y quiere actuar, se convierte en una activista. Bueno, ahora, ¿eso le impide enamorarse?

LN: Claro que no: puede enamorarse y se enamora. Pero lo interesante es que todas las mujeres de la novela se enamoran de alguien, mientras que los hombres no: hay personajes masculinos que pasan por la novela sin enamorarse de nadie.

MVLL: En el caso de Aída, hay dos que se enamoran de ella. Al final ella elige a uno.

LN: Sí.

MVLL: ¡Esperemos que hayan sido felices!

LOS ESPACIOS DE LA NOVELA

La Crónica

LN: Quería hacerle una pregunta sobre *La Crónica,* el periódico en el que trabaja Zavalita en *Conversación.* Éste es un diario no muy serio ni sofisticado que publica artículos de nota roja. ¿Diría usted que este diario es apolítico? ¿O podemos decir que este tipo de periodismo tiene también una dimensión política?

MVLL: Es una pregunta muy interesante. ¿Es posible encontrar un periódico totalmente apolítico? El objetivo del régimen, no sólo en la dictadura de Odría, sino en todas las dictaduras, es lograr que la población se desinterese totalmente de la política, que renuncie a la vida política y que ésta quede en manos de quienes tienen el poder. La manera más segura de tener una vida tranquila en el Perú de Odría era absteniéndose de hacer política. Ésa era la función de *La Crónica* y de todos los periódicos de la época, que no hablaban del tema, o si lo hacían, se trataba de una actividad que de ninguna manera podría ser controvertida o podía generar reacciones diversas. Se informaba, por ejemplo: «El señor ministro da determinadas disposiciones». Si había algún incidente político, se silenciaba.

En el Perú de Odría la vida política simplemente no existía. Había una Ley de Seguridad de la República que prohibía todos los partidos políticos, y por lo tanto no había vida política oficial. La política era el gobierno y el Gobierno simplemente daba disposiciones. Recuerdo que un año antes de entrar a *La Crónica*, durante las vacaciones, trabajé en la oficina de mi padre, que era el director de una agencia norteamericana que se llamaba International News Service, que después fue absorbida por la United Press. Yo hacía de mandadero: llevaba las noticias de la oficina del International News Service a *La Crónica*, que tenía el monopolio de esa agencia. Recuerdo que había en la pared una hoja de instrucciones para los redactores que decía: «Todas las noticias que vengan del extranjero y que se refieran directa o indirectamente al Perú deben pasar por el Ministerio de Gobierno antes de ser llevadas a *La Crónica*». Cada noticia relacionada con el Perú requería el visto bueno del censor del Ministerio. O sea que los artículos de las agencias internacionales llegaban al periódico ya censurados, expurgados de todo lo que podría molestar al poder. Y ningún periódico de la época publicaría, por iniciativa propia, una crítica al Gobierno.

En los años cincuenta, toda la prensa estaba en manos de familias económicamente muy poderosas. *La Crónica* pertenecía a los Prado, una familia muy rica, dueña de bancos y de muchas industrias; *La Prensa* era propiedad de Pedro Beltrán, un hacendado. Y *El Comercio* era de la familia Miró Quesada. Eran tres familias de la oligarquía muy cercanas a la dictadura y la censura se ejercía de mutuo acuerdo.

El recuerdo de mi juventud, que aparece retratado en *Conversación en La Catedral,* es el de un país donde los jóvenes vivían en un mundo donde la única manera de hacer política era adoptando estrategias subversivas, entrando en la clandestinidad o inscribiéndose en partidos fuera de la ley. En ese mundo, los periódicos no eran una fuente de información y los lectores sabían que allí no se hablaba de nada que fuera importante en el campo político. Y lo mismo ocurría en la radio. Vivíamos en un desconocimiento absolutamente total de lo que ocurría en el país, una situación desesperante para los jóvenes inquietos, que además intuían que el Perú no estaba a la altura de lo que debía ser un país moderno y democrático. Vivíamos en un clima de desesperanza, de abatimiento, de desmoralización, que es lo que intenta reflejar la novela.

RG: Sabemos el tipo de artículos que escribe Zavalita para *La Crónica* en la novela. ¿Puedes hablarnos de los artículos que tú redactaste durante los meses que trabajaste en *La Crónica*?

MVLL: Recuerdo algunos de los artículos que escribí para esa página donde los redactores tenían derecho a firmar, porque en *La Crónica* normalmente no se firmaban los artículos, salvo las colaboraciones semanales, que solían ser más personales. Recuerdo, por ejemplo, uno sobre el cachascán, que era una variante de la lucha libre, muy de moda en esa época: asistí a varios espectáculos de ese deporte. También recuerdo otro sobre el teatro, que era una actividad muy minoritaria y muy marginal en el Perú de esa época. En el libro de Juan Gargurevich, *Mario Vargas Llosa: Reportero a los quince años,* aparecen otros más que yo había olvidado: un reportaje sobre la tuberculosis, otro sobre las boticas que vendían medicamentos perimidos.

LN: En el Perú había distintos tipos de periódicos, unos más serios que otros. *La Crónica* es un diario que yo calificaría de sensacionalista.

MVLL: El periodismo sensacionalista se parece a la literatura: hay un elemento de fantasía, de grotesco y de ridículo. El periodismo serio pretende expresar una realidad, mientras que el sensacionalismo deforma la realidad para hacerla más atractiva y más interesante al público. Por eso el periodismo sensacionalista, el periodismo amarillo, está más cerca de la literatura que el periodismo objetivo.

Cuando yo trabajé en *La Crónica* el modelo era el periodismo norteamericano, con su insistencia en el famoso *lead*. Había que comenzar una noticia poniendo en las dos primeras líneas la información clave para luego desarrollar el hecho más importante del que se derivaba todo el resto de la noticia. En ese sentido el periódico más moderno en el Perú no era *La Crónica,* era *La Prensa,* que fue el primero en publicar ese tipo de reportajes. Aunque había un precepto del periodismo norteamericano que ni *La Prensa* ni ningún otro periódico podía cumplir: el requisito de presentar la información con absoluta objetividad, sin opinar —excepto en la página editorial—, como si el artículo fuera una pantalla colocada sobre la realidad. Eso era una quimera en un país donde no había libertad.

Vale la pena recordar que el periodismo sensacionalista siempre ha existido. Con el periodismo nace una tendencia a convertir el reportaje en algo más que una mera información para despertar mayor curiosidad en el público: se resaltan detalles que se alejan de la realidad y que terminan por dar una importancia desproporcionada a ciertos hechos pintorescos. Ésa es una línea que siempre ha existido pero que durante mucho tiempo fue marginal. El periodismo chismográfico, por ejemplo, publica detalles que pertenecen a la vida privada de las gentes y que en circunstancias normales no deben hacerse públicos. Siempre ha existido una curiosidad morbosa por la vida privada de políticos, artistas, figuras públicas y otras personalidades. Pero desde hace unos años el periodismo sensacionalista cobra cada vez más importancia y hoy tenemos una prensa especializada en el amarillismo. Esta última ha cobrado una importancia tan grande que se ha vuelto difícil distinguir, como antes, entre un periodismo serio y un periodismo amarillo. El sensacionalismo entra a las revistas y a los periódicos más serios. ¿Por qué? Porque hay una presión del público para que el periodismo sea también un entretenimiento, aunque se trate de chismes que violentan la vida privada de las personas. Es un fenómeno de nuestro tiempo que se da tanto en el mundo subdesarrollado como en el mundo desarrollado, en los países menos cultos y en los países más cultos.

En *Conversación en La Catedral* el fenómeno del amarillismo comienza ya a insinuarse. ¿Podríamos concluir que el periodismo amarillista nace en el tercer mundo? Eso realmente no lo sé.

RG: En *Conversación* los periodistas tienen todos una vida muy frívola. Zavalita y sus colegas van directos de la redacción a los cabarets y a los burdeles.

MVLL: En ese tiempo, el periodismo y la bohemia eran inseparables y los reporteros eran los reyes de la bohemia. Se trabajaba de noche y los periodistas convivían con otros noctámbulos: la gente de los bares, de los *boîtes,* de los cabarets, de los prostíbulos. Ése es el mundo periodístico que yo conocí. Los periodistas permanecían en la redacción hasta que salía el primer ejemplar del periódico, hacia las doce de la noche o la una de la mañana, y luego iban a los bares a encontrarse con sus colegas de otros periódicos. Algunos eran grandes bebedores y muchas veces las noches terminaban en los prostíbulos. El periodista era una figura clave de la vida nocturna. Eso ha cambiado mucho con el tiempo, pero en aquella época era así.

Hay un librito de Ricardo Palma, un escritor peruano del siglo XIX, que se llama *La bohemia de mi tiempo* y que retrata a un mundo de poetas y escritores que eran todos periodistas. Todos se ganaban la vida haciendo reportajes y, como ocurría cuando yo entré a trabajar en *La Crónica,* pasaban la noche, luego de salir de las redacciones, en los bares. El periodismo era una de las manifestaciones de la vida bohemia y un componente importante de la vida nocturna. Después las cosas cambiaron y el periodista pasó a ser un profesional como cualquier otro, formado en universidades o en escuelas especializadas. En esa época un periodista se formaba practicando su oficio en las redacciones de los periódicos. Muchos intelectuales y escritores practicaron el periodismo porque era una manera de ganarse la vida.

PABLO GUTIÉRREZ: Una diferencia clave entre Zavalita y Mario Vargas Llosa es que Vargas Llosa sí pudo salir del mundo del periodismo limeño. Como usted lo cuenta en *El pez en el agua,* llega un momento en que toma el riesgo de dejar atrás el Perú y se va a estudiar a Europa. ¿Cree que de haberse quedado en el Perú su vida hubiera terminado como la de Zavalita, es decir, en una gran desilusión?

MVLL: Nunca se puede saber cómo hubiera sido la vida si las circunstancias hubieran sido otras: este tipo de hipótesis no pueden ser ni verificadas ni refutadas. Siempre soñé con salir del Perú porque pensaba que si me quedaba nunca llegaría a ser escritor, al menos como yo creía que tenía que ser un escritor, dedicado en cuerpo y alma a su vocación, y colocando la escritura en primer plano, dedicándole el mejor tiempo, la mejor energía a la literatura. En el Perú hubiera resultado imposible organizar mi vida de esa manera: habría tenido que tener todo tipo de trabajos para sobrevivir. Mi idea era escapar, salir, y lo conseguí gracias a una beca. Las cosas en el extranjero se fueron arreglando de tal manera que pude realmente ejercitar mi vocación. Quizás era ingenuo pensar que sólo saliendo lo conseguiría, porque hay escritores que no salieron, que fueron muy buenos escritores y que lograron organizar su vida dentro del Perú. Pero para mí, la idea de la partida a Europa era tan importante que si no hubiera llegado a salir, probablemente me habría frustrado psicológicamente y podría haber terminado como Zavalita.

El Negro-Negro

LN: Hay un detalle interesante relacionado con el periodismo norteamericano que aparece en *Conversación*. Uno de los cabarets, el Negro-Negro, tiene un muro tapizado con portadas de la revista *The New Yorker*. Cuando Carlitos cuenta su frustración con el mundo del periodismo, Zavalita lo observa y mira su cara con ese trasfondo de revistas, como si *The New Yorker* representara un tipo de periodismo serio, intelectual, al cual Carlitos nunca podrá llegar.

MVLL: *The New Yorker* representaba para Zavalita la existencia de una vida fuera del Perú: un mundo sin dictadura, sin censura, sin todos los grandes traumas que vive él en su propio país.

LN: Las carátulas de *The New Yorker* aparecen dos veces: primero en esa escena con Carlitos, luego, hacia el final de la novela, cuando Zavalita se entera de la relación entre su padre y Ambrosio y va al Negro-Negro para distraerse. La descripción es casi la misma: las carátulas eran «brillantes, irónicas, multicolores».

MIGUEL CABALLERO: Esas carátulas de *The New Yorker* nos dan la impresión de que las noticias de fuera sí llegaban al Perú durante la dictadura de Odría. Es como si la censura no tocara nada que viniera de fuera, como si la prensa extranjera no representara una amenaza.

MVLL: En esos años el Perú vivía algo que también es muy típico de las dictaduras: una gran exaltación nacionalista que presenta lo propio como un valor en sí mismo. Pero había también, entre la población, una gran ignorancia de lo que realmente ocurría afuera. La mayoría de la población había adquirido esa segunda naturaleza que consiste en desinteresarse de aquello que no se tiene, con la excepción de los grupos más instruidos y los más idealistas, que eran muy minoritarios y marginales. Desde el punto de vista económico, esos años fueron buenos para el Perú: el incremento del valor de las materias primas en el mercado internacional produjo una mejora económica general, que fue muy aprovechada por la dictadura para promocionarse a sí misma.

MC: ¿Había algún país que fuera el modelo de lo que el Perú de Odría no quería ser?

MVLL: Había una derecha cuyo principal deseo era mantener el orden y proteger sus intereses económicos. No era una derecha clásica, culta; ni una burguesía ilustrada, sino todo lo contrario. Los ricos en el Perú eran gente muy inculta: su única cultura era la del whisky y su principal preocupación era hacer dinero. Lo mismo ocurría con casi todos los países de América Latina, con las excepciones de Argentina y Chile, que sí tenían una burguesía ilustrada.

La izquierda, en cambio, estaba paralizada por un marxismo dogmático. Su modelo fue la Unión Soviética y eso duró hasta el estallido de la Revolución cubana, cuando aparece de repente un nuevo modelo para las izquierdas latinoamericanas. Pero eso no ocurrió hasta 1959.

En los años que narro en *Conversación*, sólo había dos modelos para los países de América Latina: o la dictadura o el estalinismo.

EL FIN

RG: El final de *Conversación en La Catedral* es uno de los más tristes y más desesperanzados de la literatura. Ambrosio termina de contar su vida, en donde todo ha ido de mal en peor mientras se va hundiendo en una pobreza cada vez mayor y en una degradación moral cada vez más grave, hasta que al final dice que cuando termine su contrato en la perrera buscará otro trabajo y después morirá.

MVLL: Es el comienzo de la novela, pero el comienzo es también la conclusión de la novela.

RG: Es un final muy pesimista, en el que no parece haber manera de escapar de los efectos corruptores de la dictadura.

MVLL: En toda la novela hay un clima de decepción, un desencanto con la situación del país. En el caso de Santiago, ese sentimiento afecta directamente su vida familiar. Su padre es una persona vinculada al régimen que recibe el apoyo de la dictadura en sus negocios, y eso le produce a este muchacho, que está tomando conciencia de problemas sociales y políticos de su país, una razón más para sentirse desmoralizado, deprimido. Yo creo que es el clima que baña la novela. Ese clima de decepción lo vivió toda mi generación porque de jóvenes entramos a la vida adulta en un país donde no había una prensa libre, donde no había vida política.

RG: ¿Corresponde ese pesimismo de la novela al estadio emocional que viviste durante la escritura de *Conversación en La Catedral*?

MVLL: Siempre digo que todas las canas que tengo me las sacó esta novela. Pasé más de tres años y mucho trabajo escribiendo. Al principio sentí que lo hacía a ciegas, narrando historias y contando episodios sin saber cómo se iban a engranar. Cuando ya tuve una idea de la estructura, de esa conversación central, ya fue menos enredado para mí trabajar. Pero me costó muchísimo y sentí un gran alivio cuando por fin la terminé.

La novela no tuvo éxito, sobre todo si se compara con otros libros míos, precisamente por la dificultad. Curiosamente ha ido ganando lectores con el tiempo, se ha ido reeditando y ahora está más viva que otros libros míos. Ha ido conquistando poco a poco a los lectores. Eso me alienta mucho. Si se hace una valoración de las cosas que yo he escrito, este libro debería figurar como uno de los principales.

DIEGO VIVES: Pensando en la visión pesimista que aparece en *Conversación en La Catedral*, ¿podría hablar de cómo evoluciona su visión sobre el Perú a lo largo de su obra?

MVLL: Yo era muy pesimista cuando escribí *Conversación en La Catedral*. Tenía muy pocas esperanzas de que el Perú saliera del pozo en el que estaba. Esa visión ha ido cambiando con el tiempo. En mis últimos libros —*El héroe discreto* y *Cinco Esquinas*— aparece una visión del Perú que es menos pesimista, incluso optimista.

El Perú de hoy en día y el Perú de *Conversación en La Catedral* son muy distintos, para mejor, afortunadamente. En esa época había una dictadura, ahora hay una democracia, que puede ser imperfecta, pero que es preferible al sistema anterior. Tenemos un grado de libertad de información y de crítica que era inconcebible en aquella época. Un joven peruano de hoy sabe exactamente cómo es el mundo en que está viviendo y puede dar su opinión sin temor a represalias. Hay oportunidades que están abiertas a muchos más ciudadanos que antes, aunque no a todos, porque hay un sector campesino que está todavía muy marginado. Pero en general la población tiene oportunidades mayores, y eso le ha dado a la democracia una base de apoyo mucho más amplia. Hay muchas ilusiones, como por ejemplo la idea de la revolución, que han ido extinguiéndose hasta quedar relegadas a sectores muy minoritarios. Hoy los peruanos tienen ideas distintas sobre el tipo de sociedad que desean, pero hay un consenso a favor de la democracia. Eso ha generado una estabilidad política y social que ha producido un mayor desarrollo. Queda mucho por hacer, sin ninguna duda, pero no podemos negar que hay un progreso considerable, y eso me hace ser menos pesimista de lo que era cuando escribí *Conversación en La Catedral*.

MC: En un contexto en el que la situación política ha mejorado tanto, ¿cómo hace un escritor para no perder su energía, su pasión, su coraje? *Conversación en La Catedral* es una gran novela en parte por la rabia que expresa contra la injusticia y la corrupción.

MVLL: Hombre, yo creo que en cualquier situación hay temas que pueden estimular muchísimo la creatividad. Lo que no tiene mucho sentido es aferrarse a describir una realidad que ya no existe. Describir una problemática que ha quedado desfasada produce una literatura que ya nace muerta. Es muy difícil que alguien se identifique con una descripción de la realidad actual que ya no corresponde en absoluto con la experiencia del presente. Hay mucha literatura que fracasa por el desfase entre lo que cuenta y lo que vive el lector. Por eso es tan importante que la literatura exprese el mundo vivo. Incluso las novelas históricas, si carecen de ese implante en la realidad vivida, nacen muertas. Pero la versión literaria de la realidad siempre la trasciende, porque nunca es una mera descripción fotográfica de lo que se vive. La buena literatura añade algo más a la realidad, pero respetando ese contrato secreto entre el lector y el autor: «Tú vas a inventar la historia que quieres que yo crea a partir del mundo en que vivimos».

MC: Me pregunto si *Conversación,* además de contar una historia compleja, se propone enseñarle al lector una manera crítica de mirar la realidad. Ese universo narrativo desordenado va en contra de la imagen de la realidad, sencilla y ordenada, con buenos y malos, que proyecta una dictadura.

MVLL: Sí: las buenas novelas nos enseñan a mirar la realidad de una manera más compleja. Las grandes novelas nos muestran que la pura apariencia no lo dice todo, que se trata de una superficie muy engañosa, y que para entender el mundo hay que indagar a fondo para descubrir los mecanismos detrás de las conductas, detrás de los hechos. La literatura genera placer, nos hace gozar, nos demuestra las inmensas posibilidades que tiene el lenguaje, pero al mismo tiempo nos hace más escépticos frente a la realidad. Nos induce a tratar de traspasar las apariencias para ver lo que hay detrás de un hecho social, de un hecho político, de un hecho personal. Es una función no sólo de la literatura, sino del arte en general. Todas las manifestaciones creativas de la cultura tienen ese efecto en nosotros: nos vuelven menos ingenuos a la hora de observar la realidad, a la hora de juzgar la realidad.

RG: Es una de las tesis de Sartre sobre la literatura comprometida: el verdadero valor político de la literatura está no en el mensaje didáctico del realismo socialista, sino en una experiencia de lectura que lleva al lector a un grado mayor de consciencia y de entendimiento y de despertar crítico.

MVLL: Ésa es la gran idea del existencialismo, que me marcó y que marcó a toda mi generación. Sartre demostró que la literatura no era un placer gratuito, sino un instrumento que arma al lector para entender la realidad, porque le abre una visión ética, una visión moral. Por eso la literatura en particular y la cultura en general resultan indispensables.

4. *Historia de Mayta*

Historia de Mayta *(1984) cuenta la vida de un viejo revolucionario que fracasó en su intento de lanzar una insurrección armada. Es el retrato más detallado que ha hecho Mario Vargas Llosa de un militante de izquierda que apuesta por métodos violentos para hacer la revolución. Jugando con el género de la novela policial, el narrador trata de reconstruir la vida de Mayta entrevistando a sus amigos, familiares y cómplices hasta que —en el capítulo final— aparece sorpresivamente el viejo revolucionario que da un último testimonio sobre su vida.*

RUBÉN GALLO: *Historia de Mayta,* como *La guerra del fin del mundo,* está basada en un hecho histórico. Esta vez se trata de un intento de rebelión que ocurrió en una ciudad de provincia en 1962. ¿Por qué elegiste este episodio como punto de partida para una novela?

MARIO VARGAS LLOSA: En los años sesenta yo estaba viviendo en París y me enteré de un episodio menor que había ocurrido en el Perú y que me impresionó mucho. El protagonista era un viejo militante revolucionario peruano que había sido aprista, luego comunista y al final —harto del sectarismo y el dogmatismo de los comunistas— se volvió trotskista.

El gran conflicto entre Lenin y Trotski, que siempre fueron compañeros, gira en torno al futuro de la revolución. Lenin se resigna a que exista sólo una revolución en la Unión Soviética, mientras que Trotski quiso seguir trabajando para hacer la revolución mundial: la «revolución permanente», como él la llamaba. El trotskismo llegó a ser una tendencia muy fuerte en América Latina, a través de pequeños partidos que odiaban a los partidos comunistas oficiales. En el Perú los trotskistas llamaban a los militantes del PC «rabanitos», rojos por fuera y blancos por dentro, porque muchos eran intelectuales de clase media, a diferencia de los trotskistas, que por lo general venían de familias obreras.

Así que en París me entero de la historia de Mayta, ese viejo trotskista que había pasado por todos los grupos de la izquierda peruana y que había formado un pequeño partido que se llamaba el Partido Obrero Revolucionario T —la «T» era apócope de trotskista—. En una fiesta ese señor oye hablar a un jovencito que se expresa con mucha elocuencia y mucha seguridad sobre la revolución armada. Y el viejo piensa: «Mira, aquí tenemos un muchacho para conquistarlo. No sabe nada pero tiene un gran entusiasmo». Pero ante su gran sorpresa, descubre que ese joven que habla de la revolución y que se llama Vallejo es un teniente de la policía. Entonces Mayta empieza a salir con este muchacho y trata de adoctrinarlo, de ganarlo para su causa, dándole manuales de marxismo. Y lo que ocurre es lo contrario.

El viejo Mayta no logra conquistar al muchacho, pero el muchacho termina seduciéndolo a él, convenciéndolo de que la revolución es posible, que en realidad es una pérdida de tiempo seguir ese trabajo sindical, tratando de ganar las elecciones, porque los partidos de izquierda nunca tendrán dinero suficiente para llegar a la presidencia. Lo que hay que hacer es tirarse al monte, empezar a pegar tiros y movilizar al pueblo explotado.

Todo esto ocurre pocos años después de que los revolucionarios cubanos bajen de la Sierra Maestra y tomen La Habana. Entonces el viejo Mayta se entusiasma porque por primera vez tiene la posibilidad de actuar. Había pasado toda su vida repartiendo volantes, movilizando a los sindicatos, organizando huelgas, y pasando temporadas en la cárcel cada vez que lo pescaban. Y de repente, gracias al entusiasmo de este joven oficial, se da la oportunidad de preparar la revolución. Deciden que la insurrección estallará en Jauja, que fue la primera capital de la colonia y que además tiene una importancia simbólica en el Perú porque se asocia con la riqueza, con el oro, con las minas: los españoles se asentaron allí, en el centro de la cordillera, pero pronto descubrieron que allí estaban muy aislados, rodeados de una masa enorme de indios, así que se mudaron a la costa.

El joven conoce a varios militares que apoyan su plan y logran convencer a un puñado de simpatizantes, pero no consigue el apoyo del Partido Comunista, que no quiere nada con los trotskistas. El teniente Vallejo, que estaba destinado en Jauja y tenía vínculos con el Colegio Nacional de esa ciudad, incorpora a muchos estudiantes que se encargarán de ser mensajeros clandestinos entre el foco guerrillero y las bases de apoyo en las ciudades.

Cuando llega el día de lanzar la revolución, todos los conspiradores desaparecen: resulta que ninguno quiere jugarse la vida. Así que Mayta y Vallejo, el trotskista y el joven oficial, en un acto de verdadera locura, deciden iniciar la lucha solos, con el único apoyo de un puñado de estudiantes del Colegio Nacional de Jauja. Y así lo hacen. Atacan a la policía, se apoderan de los fusiles —aunque no habían visto un arma en su vida— y se lanzan al campo. La policía se moviliza inmediatamente y aplasta la rebelión en las afueras de Jauja. Allí mueren Vallejo y muchos estudiantes. A Mayta lo hieren y lo dan por muerto.

Esa historia casi no se difundió en el Perú porque se la consideró un acontecimiento criminal muy menor: no fue vista como un intento de revolución. A mí me impresionó ese episodio y me interesó el personaje de Mayta, ese viejo trotskista: un hombre que pasó toda su vida entrando y saliendo de la cárcel, dedicado a una revolución que intuía era imposible, y que de pronto, gracias a ese jovencito irresponsable e inexperto que no sabía nada de marxismo pero que desbordaba de entusiasmo, se lanza a una lucha revolucionaria que dura apenas unas horas y termina con una gran masacre.

Así que me propuse escribir la historia de ese viejo trotskista. Le cambié el nombre y le puse Mayta, que no era el suyo.

RG: ¿Puedes hablarnos del método de investigación que seguiste mientras preparabas la novela?

MVLL: Al principio yo quería contar la historia del encuentro con el militar, enfocarme en la manera en que el joven seduce al viejo revolucionario y narrar también las intrigas para montar la operación y el fracaso trágico de la revolución. Pero cuando empiezo a investigar y a recoger testimonios de gente que los conoció, me doy cuenta que todos me contaban mentiras:

era evidente que los testigos falsificaban la realidad para justificarse.

En primer lugar, todos se habían comprometido con la conspiración pero luego se asustaron y se retiraron. Contaban historias diferentes, disparatadas, absurdas, mentirosas. Era flagrante, y bastaba cotejarlas y cruzarlas para darse cuenta que exageraban o mentían. Y eso me fue cambiando la novela. Al final fue convirtiéndose, ya no en la historia de Mayta, sino en las historias de Mayta, en las distintas versiones que daba la gente de lo que ocurrió, que también demostraban la relatividad de los testimonios históricos, y la imposibilidad de establecer una verdad objetiva a partir de versiones subjetivas de los testigos y protagonistas.

Nadie sabía qué había pasado con Mayta: había desaparecido. Así que yo trabajé la novela con la idea de que el protagonista de mi historia o había muerto, o por lo menos se había ido al extranjero sin dejar rastros. Cuando tenía la novela prácticamente terminada me enteré que Mayta no sólo estaba vivo sino que estaba en Lima: hacía diez años que estaba recluido en el penal de Lurigancho, que en ese momento era la cárcel más importante de Lima.

Hice gestiones, conseguí un permiso para entrar a Lurigancho y allí me dicen que Mayta acababa de salir porque había terminado de purgar su condena de diez años. Me entrevisté con el alcaide, que me puso en contacto con un reo que era el mejor amigo de Mayta y que tenía un puestecito de fruta dentro de la cárcel. Hablé con ese preso, que se mostró muy desconfiado. Le conté que estaba escribiendo un libro sobre su amigo y que tenía un enorme interés en escuchar su propio testimonio. Finalmente lo convencí. Me dijo: «Sí. Le voy a decir dónde puede encontrarlo. Está trabajando en una heladería. Le han dado un puestecito vendiendo helados en Miraflores», que era el barrio donde yo vivía.

De la cárcel corrí directo a esa heladería. Al entrar, vi a un hombre y supe que era él. Nunca en mi vida he visto una cara de estupefacción como la de ese señor cuando me le acerqué y le dije: «Mira, soy Mario Vargas Llosa. Hace dos años que no hago más que pensar en ti, imaginarte, investigar tu vida». Abrió los ojos, mirándome como si estuviera loco, porque se veía que no creía nada de lo que le decía. Seguí explicándole. Le dije: «Mira, estoy escribiendo una novela basada en tu historia, en algo que yo creo que es tu historia, porque los informes que he podido encontrar son tan contradictorios que ya no sé cuál es tu historia. Y por eso me gustaría mucho que pudiéramos conversar».

Al principio se mostró muy desconfiado. Era un hombre enfermo, vencido, derrotado por la vida. Entonces me dijo lo siguiente, que cuento en el último capítulo del libro: «Bueno —me dijo—, te voy a dar una noche y ya. Nada más. Y después no nos volveremos a ver. Nunca más. En esta noche te voy a contar todo lo que recuerdo».

Lo invité a mi casa y nos quedamos hablando hasta el amanecer. Fue una conversación impresionante, que duró unas ocho horas, y de la que doy una versión literaria en el libro. Él me escribió el último capítulo. Yo pensaba concluir de una manera muy distinta, pero su brusca aparición me hizo cambiar completamente la novela. ¿Qué descubrí en esa conversación? Algo inusitado: que yo sabía más de la historia de Jauja que él.

Para él, Jauja fue un episodio entre muchos —y no el más importante— de una vida larga y complicada.

Lo que sí logré establecer fue que después de Jauja había estado preso y había salido. A partir de su excarcelación se había dedicado a una actividad puramente delictuosa, que ya no tenía la justificación de la acción revolucionaria o política. Su última condena había sido por un asalto armado a una ferretería en que había habido un muerto. Así que ese viejo revolucionario había terminado como un delincuente común.

Él recordaba mucho de ese periodo posterior, pero lo de Jauja se le había quedado atrás. Además, ignoraba muchas cosas. Yo tenía que corregirlo constantemente. Le mostraba recortes de periódicos que él no había visto, en donde presentaban la rebelión como un episodio de abigeo, como un problema de ladrones de ganado que atacaron a la policía porque querían robarse unas llamas de ese lugar.

Él miraba toda esa información absolutamente maravillado. Y estaba muy enfermo: era un hombre envejecido, muy flaquito, que tosía sin parar. Pasó la noche tosiendo, tomando agua, levantándose a orinar. Estaba muy gastado por la cárcel.

Me impresionó mucho descubrir que la política ya no le interesaba en absoluto: el combate revolucionario se le había eclipsado de la memoria. Lo único que lo enorgullecía en su vida era este puestecito de fruta que había instalado con su amigo en la cárcel. Hablaba con mucho orgullo y decía: «Nosotros limpiábamos la fruta. Siempre la vendíamos limpiecita. Y además nos tenían confianza. Tanto que los otros nos daban a guardar su dinero. Los facinerosos, los criminales que estaban en la cárcel, esos que se mataban entre ellos a chavetazos, a nosotros nos respetaban y nos daban su dinero a guardar. Hacíamos la función de banco para ellos». Y ésa era la mejor credencial que me presentaba. A mí me parecía patético que el revolucionario trotskista ya no se acordara de sus lecturas teóricas y ni siquiera de Trotski. Ésa es la historia de Mayta.

Cuando se publicó el libro, la revista *Caretas* de Lima investigó en los archivos y publicó una foto de Mayta en la época de Jauja. Pero nunca supe cuál fue su reacción, porque nunca más lo vi ni recibí señales de él. No sé qué fue de él, si se quedó en el Perú, si volvió a la cárcel. Ni siquiera sé si leyó el libro.

EL CONTEXTO HISTÓRICO

RG: ¿Podríamos hablar del momento en que ocurre la rebelión de Jauja? Fue en el verano de 1962, después del final de la dictadura de Odría y de las elecciones que llevaron a la presidencia a Manuel Prado. La Revolución cubana había triunfado, llevaba tres años en el poder, y estaba por ocurrir la crisis de octubre con los misiles soviéticos. El escenario político latinoamericano había cambiado mucho y el Perú vivía un momento muy distinto al que retratas en *Conversación en La Catedral*.

MVLL: Antes de la Revolución cubana se dieron muchos intentos revolucionarios que fracasaron. En ese tiempo el marxismo estaba prácticamente acaparado por el Partido Comunista. Había partidos socialistas, que seguían una línea pacífica e incluso, en algunos casos, democrática: creían en las elecciones, creían que se podía llegar al socialismo a través del voto o de una mayoría parlamentaria. Pero los partidos comunistas tenían un monopolio sobre el marxismo. Ciertos países grandes, como México, tenían un Partido Comunista que era una fuerza política real: un partido importante, con representación en las cámaras, que tenía mucha influencia en la lucha sindical.

En los otros países latinoamericanos —gobernados por dictaduras, juntas militares o gobiernos de derecha— los partidos comunistas estaban prohibidos: existían, pero solamente en la clandestinidad porque la presión de Estados Unidos era muy fuerte. Eran los años de la Guerra Fría y había una política norteamericana anticomunista, que exigía de los gobiernos latinoamericanos una participación en esa lucha. Los partidos comunistas, por otra parte, eran un instrumento de la Unión Soviética: dependían completamente de la URSS, que los subvencionaba y les daba una infraestructura clara.

Es importante subrayar que estos partidos no creían en la democracia, porque les parecía que ésa era una de las máscaras de la explotación, y pensaban que un sistema democrático jamás resolvería los problemas básicos de justicia, de grandes desigualdades económicas, que afectaban al tercer mundo. En el Perú el PCP era tan pequeño en parte porque competía con el APRA —la Alianza Popular Revolucionaria Americana—, que fue fundado por Víctor Raúl Haya de la Torre con la ambición de ser un partido latinoamericano y no sólo peruano. Haya de la Torre fue un peruano de origen aristocrático —de una aristocracia muy empobrecida— que había nacido en una provincia del norte del país. Era un gran orador, con un enorme carisma. El

APRA se volvió un partido muy popular, con una base importante de campesinos y obreros. Eso frenó mucho el crecimiento del Partido Comunista. Además, el APRA se ganó el respeto de una gran parte de la población porque se enfrentó a los militares y lanzó un ataque contra un cuartel en la ciudad de Trujillo. El dictador Sánchez Cerro, un militar, desencadenó una represión espantosa y mandó fusilar a centenares de apristas en las ruinas preincaicas de Chan Chan, que se llenaron de sangre, según la leyenda.

Todo eso le dio al APRA mucho prestigio y mucha fuerza, e hizo que surgiera una gran rivalidad entre este partido y el de los comunistas. Ése es un antecedente importante porque antes del triunfo de la Revolución cubana en 1959, América Latina no había tenido una sola revolución triunfante. Los partidos comunistas que trabajaban en la legalidad, donde podían hacerlo, lo que proponían era una gran alianza de fuerzas de izquierda para trabajar dentro del sistema democrático e irlo socavando desde dentro.

La Revolución cubana cambia el panorama: por primera vez en la historia de América Latina un movimiento de izquierda se lanza a las montañas y sobrevive, a pesar de los intentos por aplastarlo. Crece, prospera, y eventualmente logra derrocar al régimen de Batista y establecer el primer gobierno revolucionario en Latinoamérica, algo que crea una enorme expectativa en todo el continente. Ése es el contexto de *Historia de Mayta*.

RG: ¿Podemos colocar la rebelión fallida de Jauja dentro de un contexto más amplio de la guerrilla en América Latina?

MVLL: Sí: esa historia del complot organizado por Mayta y el teniente Vallejo ocurrió por todas partes de América Latina. La experiencia cubana demostró que la revolución podía crearse por iniciativa propia, en lugar de esperar —como proponía el Partido Comunista— a que surgieran las condiciones objetivas. El Che Guevara difundió el mensaje de que cuando las condiciones no existen, se crean. ¿Y cómo se crean? Tirándose al monte, formando un foco guerrillero. De esa manera se producirán inmediatamente las bases para la revolución: vendrá una represión brutal del ejército y de la policía, con torturas y matanzas, que indignará a la sociedad y hará que campesinos, obreros, estudiantes e intelectuales participen en la lucha armada. En Cuba se demuestra que todo esto no es solamente una teoría: que es un plan de acción que produce resultados concretos.

La realidad es más complicada porque la Revolución cubana no la hicieron sólo los barbudos en la Sierra Maestra: fue un movimiento que tuvo apoyo internacional, de diversos sectores que aplaudían a esos jóvenes que se habían levantado contra ese dictador sanguinario que era Batista. Incluso los Estados Unidos apoyaron el movimiento: Herbert Matthews, un periodista de *The New York Times* que viajó a la Sierra Maestra, publicó una serie de artículos presentando a Fidel Castro y a sus hombres como guerrilleros románticos, que buscaban la libertad y la justicia para su país. Eso los ayudó muchísimo. Además, en Estados Unidos se organizaron colectas para comprar armas y enviarlas a estos jóvenes.

Esa demostración de que la revolución podía dispararse con un grupo de vanguardia muy resuelto alentó la creación de movimientos guerrilleros en toda América Latina. Hoy vemos que las cosas no sucedieron como las imaginó el Che Guevara. En lugar de una multiplicación de revoluciones ocurrió todo lo contrario: los militares se movilizan, aplastan a los movimientos guerrilleros y establecen dictaduras más brutales y más represivas que los regímenes anteriores. Incluso un país con tradición democrática como es el Uruguay impone una dictadura militar como respuesta a la guerrilla de los Tupamaros. En Chile, otro país con tradición democrática, el ejército da un golpe de Estado para acabar con el gobierno de Salvador Allende y crea una dictadura brutal. A la larga, lo único que lograron los movimientos guerrilleros fue hacer retroceder más a América Latina, destruyendo democracias que eran imperfectas y convirtiéndolas en regímenes militares represivos, brutales y corrompidos. Ése es el contexto de la novela.

MIGUEL CABALLERO: Siguiendo con la línea del contexto histórico: hay un paralelo entre *Historia de Mayta* y *Conversación en La Catedral*. Esta última es una obra escrita en los sesenta sobre los revolucionarios fracasados de los cincuenta y *Mayta* es un libro publicado en los ochenta que relata un fracaso revolucionario de los sesenta.

MVLL: *Conversación en La Catedral* narra un mundo anterior a la Revolución cubana, cuando aún no se daba el caso de una revolución triunfante.

ALEXANDRA APARICIO: La situación política que aparece en la novela es más violenta de lo que era, en la realidad, el Perú durante los años sesenta.

MVLL: Exactamente: el Perú de *Historia de Mayta* es un país casi de ciencia ficción porque está invadido, está ocupado.

AA: Y parece que hay ciertos paralelos entre el contexto apocalíptico de *Historia de Mayta* y la violencia que vive el Perú más tarde, en los años ochenta.

MVLL: La investigación que hace el narrador no es puramente gratuita: es un esfuerzo por entender el presente de un país en guerra. Los viejos enemigos —la derecha y la izquierda, los capitalistas y los revolucionarios— están destrozando el Perú. Así que lo que busca el narrador en sus entrevistas es también una respuesta a esas grandes interrogantes del presente: ¿y ahora qué?, ¿cuál es la posición correcta?, ¿dónde está el bien y dónde está el mal? Esa realidad de violencia y guerra civil ya existía potencialmente en la época del levantamiento fracasado de Mayta, pero no se activó hasta muchos años después.

Esa relación entre la situación del Perú en 1984 y la realidad que se narra en *Historia de Mayta* es muy importante. En el libro hay un presente apocalíptico, un presente que no existió jamás en la realidad, que es una pura fantasía: el de un continente entero completamente fracturado por la guerra.

RG: ¿Podríamos resumir la novela como una crítica al radicalismo? ¿A la política de la izquierda más radical?

MVLL: El Perú tuvo la experiencia del radicalismo extremo con la guerra que desató Sendero Luminoso y que tuvo consecuencias terribles: dejó un saldo de casi setenta mil muertos, miles de pueblos deshechos, hogares destruidos y familias desmembradas. Los campesinos, que antes tenían niveles de vida que ya eran execrables, cayeron en una miseria mucho peor. Ese radicalismo fue un fracaso absoluto que agravó los problemas del Perú.

Hay también un radicalismo crítico o intelectual que sí ha prestado un gran servicio al Perú, denunciando los horrores, la corrupción, las grandes equivocaciones históricas del país y de América Latina. El nuestro es un país con grandes recursos que podría tener un nivel de vida muy alto pero que los ha desperdiciado. Ese radicalismo intelectual es muy beneficioso para el país y para el progreso de cualquier sociedad. Se trata de un pensamiento que va hasta sus límites para denunciar las mentiras y para tratar de encontrar una verdad que es furtiva. Ese radicalismo puede manifestarse en la filosofía, en el pensamiento, en la literatura, en las artes.

TÉCNICA LITERARIA

RG: En *Historia de Mayta,* como en casi todas tus novelas, hay una decisión muy consciente de no incluir fechas ni datos concretos que permitan situar lo narrado en un año exacto. El narrador va dando una serie de pistas más o menos escondidas sobre el tiempo que ha transcurrido, cifras que un lector perspicaz puede ir sumando, restando hasta llegar a calcular la edad de un personaje o los años que han pasado entre un episodio y otro. ¿Puedes hablarnos de esta decisión?

MVLL: No sé de dónde viene, pero siempre que he podido he evitado las fechas en mis novelas. Prefiero dejar al lector en una cierta ambigüedad. Pero no sé por qué. No tengo una respuesta. No obedece a un principio formal, aunque sí es una constante en mi obra.

RG: Pero en tus novelas el tiempo siempre cuadra en términos aritméticos. Cuando un lector empieza a restar y sumar, aparece una cronología perfecta. Obviamente, tú como escritor tienes un esquema en el que las fechas están muy claras.

MVLL: Sí, pero ese esquema se va desdibujando en el transcurso de la narración.

RG: Jennifer Shyue escribió algo muy interesante sobre la multiplicidad de voces narrativas que hay en la novela. Nos dice que «podemos pensar que hay 4,5 Maytas y 3,5 narradores porque en muchas partes de la novela se confunden las fronteras entre Mayta y el narrador».

JENNIFER SHYUE: Sí: al principio de la novela hay una sincronía entre la voz narrativa y el punto de vista de Mayta. Pero en el capítulo final todo cambia y el lector descubre que Mayta es la invención de un narrador inventado.

MVLL: Exactamente. Es una superposición de historias que al final termina siendo una sola. Esa variedad de historias que se superponen, que se corrigen, que se complementan o se rechazan, al final crea una sola que está hecha de diversidades, de complejidades, de contradicciones. Quizá, en última instancia, todas las vidas son así. Cuando tratamos de reconstruir una vida descubrimos que hay incoherencias, paradojas y que los testimonios que podemos recoger son siempre muy subjetivos —muchas veces nos dicen más sobre la persona que habla—. Salvo en casos muy excepcionales, nunca hay una coherencia absoluta.

JS: ¿Por qué a veces cambia la voz narrativa a la tercera persona?

MVLL: Porque dentro de la voz del narrador hablan las voces de los propios personajes. Es una técnica que está muy presente en la novela moderna. Hay una voz narrativa, pero dentro de esa voz surgen otras voces distintas que tienen su propia personalidad. Luego la voz del narrador vuelve a absorberlas, así que el lector se encuentra con una sola voz. Es una técnica que Faulkner utiliza en sus novelas. Es un contraste muy bonito porque genera una gran inseguridad en el mundo que el lector está conociendo: todo parece menos claro, narrado por todas esas subjetividades que se entreveran. Lo vemos, por ejemplo, en *Mientras agonizo, As I Lay Dying*, que me sigue pareciendo una de las mejores novelas de Faulkner, y que cuenta la historia de una familia que lleva el cadáver de uno de sus miembros a enterrar en otro lugar. Los familiares se van desplazando con ese cadáver putrefacto y solamente hablan las mentes de todos los personajes, que nos presentan una sucesión de conciencias en movimiento. Esas conciencias, que son muy distintas —hay, por ejemplo, un débil mental— van conformando una historia muy contradictoria y muy compleja. A mí me fascinó esa novela y quizá la construcción de Mayta debe algo al recuerdo de su estructura.

LOS PERSONAJES

El narrador

RG: ¿Podrías hablarnos del narrador de *Historia de Mayta,* que es también un personaje de la novela?

MVLL: El narrador siempre es un personaje, en todas las novelas. Puede ser visible o invisible, pero el narrador es el personaje principal de toda novela. Hay alguien que cuenta lo que ocurrió y ese alguien nunca es el autor, sino una voz que inventa el autor. El autor se despersonaliza e inventa un personaje que narra. Puede ser un narrador personaje, un narrador omnisciente, pero siempre es un narrador inventado.

RG: El narrador de *Historia de Mayta* es muy distinto a los otros personajes de la novela y, a fin de cuentas, se parece mucho a Mario Vargas Llosa.

MVLL: Es un narrador que quiere escribir la historia de Mayta y que cuenta cómo fue escribiendo esa novela, recogiendo testimonios, cotejando documentos, añadiéndoles un poco de fantasía, volcando en el libro también su propia personalidad. Es un narrador invisible, pero al mismo tiempo visible por sus obras.

RG: El narrador de *Historia de Mayta* no tiene nombre. Nadie lo llama por su nombre, pero la gente lo reconoce como un escritor peruano célebre, con una fama internacional. ¿Podrías hablar un poco de la decisión de hacer de este personaje narrador una especie de *alter ego*?

MVLL: Ese narrador fue saliendo de una manera natural. Yo fui escribiendo, como siempre lo he hecho en mis novelas: a medida que hacía la investigación escribía no sólo notas, sino también pequeños episodios. Y fue resultando que quien narraba era un personaje que estaba implicado en la historia. Muchas veces la manera como recogía esos testimonios demostraba cómo los personajes se vinculaban, o si habían sido testigos cercanos o lejanos de lo que ocurrió con Mayta. Era muy importante que quien reuniera esos testimonios los clasificara, los barajara o los cotejara con otras declaraciones. Eso le iba dando al narrador un protagonismo que finalmente lo hacía circular en la trama como un personaje más. Pero se fue dando: nunca lo concebí de antemano, ni quise que fuera el narrador quien contara la historia. Fue la historia misma la que fue fabricándolo y dándole unas determinadas características.

Mayta

RG: Mayta es un revolucionario, pero también es alguien muy marginal en la sociedad en la que vive: es pobre, no tiene familia y tampoco carrera.

MVLL: Ése es un aspecto importante. Me di cuenta de que Mayta era la encarnación de lo marginal: había pasado toda su vida en los márgenes y nunca formó parte de esa corriente central que es la existencia en la sociedad. Fue comunista, fue aprista, fue militante de partidos que lo colocaban en la clandestinidad. En un momento dado se me ocurrió hacerlo un personaje homosexual. Me dije: «Será una manera más radical todavía de mostrar su marginalidad absoluta». En la época en que se desarrolla la historia —los años sesenta— la izquierda, y sobre todo la izquierda comunista, era profundamente homofóbica.

Carlos Franqui —que fue director de *Revolución*, el periódico que sacó Fidel Castro allá en la Sierra y que luego se convierte en un periódico oficial— cuenta que en las primeras reuniones del Consejo de Ministros los revolucionarios se preguntaban: «¿Qué hacemos con los homosexuales? ¿Cuál debe ser la actitud de la Revolución hacia la homosexualidad?». Se discutió mucho el asunto hasta que la dirección cubana consultó a los otros países socialistas, a la Unión Soviética, a China, a las repúblicas de Europa del Este. De entre todas las respuestas la más escalofriante fue la de los chinos, que aseguraban que habían solucionado ese problema fusilando a todos los homosexuales. Cuba tuvo una política vacilante al respecto hasta mediados de los años sesenta, cuando la revolución organiza redadas de homosexuales que después manda a los campos de las UMAP.

La primera vez que tuve una discrepancia importante con la Revolución cubana fue cuando me enteré de los campos de las UMAP. Yo conocía a un grupo de muchachos —muchos de ellos homosexuales y lesbianas— que formaban un movimiento que se llamaba El Puente. Ellos apoyaban la Revolución y creían que el nuevo régimen fomentaría un clima abierto y tolerante en el campo sexual. De pronto los encarcelan y los mandan a campos de concentración. Algunos se suicidaron. Muchos intelectuales de todo el mundo, que hasta entonces habían apoyado incondicionalmente la Revolución, protestaron contra el gobierno de Fidel Castro.

Quise hacer de Mayta un homosexual para imaginar los conflictos que su identidad le crearía con sus propios compañeros. Cuando salió el libro los ataques más fuertes —y creo que *Historia de Mayta* es el libro mío que más críticas violentas ha suscitado— venían de sectores de la izquierda, que en ese momento eran terriblemente homofóbicos. Recuerdo un reseñista que alegaba: «La caricatura que hace de un militante revolucionario es tan espantosa que hasta lo presenta como maricón». Como si ser un homosexual fuera el *summum* de lo despreciable. Esos artículos muestran hasta qué punto la homofobia y el prejuicio sexual estaban arraigados en la izquierda latinoamericana. En ese terreno, la izquierda era tan prejuiciosa como la derecha.

RG: El tema de la sexualidad está muy presente en todas tus novelas, desde *La ciudad y los perros* hasta *Cinco Esquinas*. De una u otra manera, la sexualidad marginal —y en muchos casos los aspectos más oscuros de la sexualidad— aparece en casi todos tus libros. Parece haber una gran curiosidad por entender cómo se manifiesta toda una serie de comportamientos sexuales excéntricos o marginales en las sociedades latinoamericanas.

MVLL: Es un tema que está allí siempre, planeando sobre la vida sexual de las gentes. Yo crecí en un mundo en el que los homosexuales eran profundamente despreciados y eso les obligaba a llevar una vida secreta, como de catacumbas. Había toda clase de fantasías retorcidas sobre ellos. Cuando yo era niño, el insulto máximo que se podía decir a otro niño era llamarle «maricón». Eso ha cambiado y hoy día es difícil imaginar el mundo de prejuicios y mentiras que imperaba en los años cincuenta. En aquellos años, cuando milité en el Partido Comunista era un tema que no podía tocarse. Los comunistas y los curas tenían prácticamente la misma posición intransigente: ambos grupos veían la homosexualidad como una forma extrema de aberración, de degeneración.

Había, por ejemplo, una teoría grotesca que venía de la Unión Soviética, que una vez discutimos en mi célula del grupo Cahuide. Iván Pavlov argumentó que como en el campo no había homosexuales, la homosexualidad era una degeneración urbana, un vicio creado por la burguesía decadente. Así que, según Pavlov, la mejor cura era mandar a los homosexuales a trabajar en el campo para que se rodearan de campesinos sanos y heterosexuales. Si ordeñan vacas, pensaba, dejarán de ser homosexuales. Hoy nos parece cómico pero ésa fue la política oficial de la Unión Soviética, que después Cuba adoptó en los años sesenta.

MC: Hay una relación entre los personajes de Mayta y Santiago Zavala, aunque pertenezcan a clases sociales completamente diferentes. Santiago Zavala es el que a fin de cuentas no se atreve a ser revolucionario: entra y sale del movimiento. ¿Qué tipo de personaje hubiera sido Mayta en *Conversación en La Catedral*?

MVLL: Mayta era un muchacho muy pobre, de una familia de clase media baja que colinda con la clase obrera. Ése es el mundo donde él se cría, donde él se forma. Va a un colegio sumamente humilde. Pero no pertenece al mismo estrato social de Ambrosio, que viene de un mundo mucho más humilde todavía.

MC: ¿Podríamos imaginar a Mayta en la Universidad de San Marcos?

MVLL: Sí: Mayta habría ido a San Marcos, una universidad en donde estudiaban muchachos de esa categoría social.

MC: ¿Son de la misma generación?

MVLL: Mayta es mucho mayor que Santiago Zavala. Santiago es de mi edad: es decir, era mucho más joven, como personaje de *Conversación,* que el Mayta de la insurrección. Mayta ya es un viejo cuando se lanza a esa aventura revolucionaria. Ahí está la gran diferencia entre él y Francisco Vallejo, que es un muchacho de veintidós o veintitrés años en el momento de la insurrección. De Mayta no se dice la edad que tiene, pero es un viejo: ya no está para revoluciones, y eso es lo interesante de la historia, que él vuelve a ser joven gracias a Vallejo. Vallejo le contagia ese espíritu de aventura, de riesgo, que él no había tenido nunca por su trayectoria política.

La idea inicial de la novela es ésa: el viejo revolucionario experimentado que quiere catequizar a ese muchacho, termina siendo catequizado por el muchacho, que le contagia su pasión por la aventura, por la lucha guerrillera y la acción militar. Ese tema queda un poco desdibujado, porque al final la novela narra la historia de la construcción de un Mayta.

CHARLOTTE WILLIAMS: En la novela hay testimonios que presentan a Mayta como un mártir y usan un lenguaje casi religioso para hablar sobre él.

MVLL: Mayta fue muy creyente de niño y recibió una formación religiosa. Es un caso muy común: quienes han sido muy creyentes y abandonan la religión necesitan seguir creyendo, y por eso buscan un dogma distinto que abrazan con un fervor casi religioso. Además la ideología marxista, al igual que la religión, ofrece respuestas para todo porque es un mecanismo autosuficiente. Popper observa que las ideologías no son refutables porque constituyen un circuito cerrado que además requiere una fe total.

Hace poco leí *Diálogo de conversos,* un libro escrito por dos escritores chilenos —Mauricio Rojas y Roberto Ampuero— que fueron comunistas y que se salvaron de milagro cuando el golpe de Pinochet. Vivieron en el exilio y con el tiempo cambiaron, se transformaron en liberales. Roberto Ampuero fue miembro del Partido Comunista de Chile y Mauricio Rojas militó en el MIR, que era más radical todavía. Después del golpe, Ampuero se exilió en Alemania Oriental, donde se casó con una chica cubana que resultó ser hija de uno de los jefes de la Revolución cubana, el general Fernando Flores Ibarra. Se lo llevaron a Cuba y allí empezó a descubrir la verdad del socialismo. Quedó absolutamente horrorizado con lo que vio y con lo que vivió. Además, como estaba casado con la hija de uno de los jefes, podía ver desde dentro lo que pasaba. Escribió una novela fascinante, muy sarcástica, sobre esos años en La Habana: *Nuestros años verde olivo*. La izquierda la boicoteó, pero a pesar de eso ha circulado y sigue circulando. Es un libro indispensable para entender lo que ocurrió en esos años en Cuba.

Mauricio Rojas era más radical aún: era integrante del MIR, que buscaba la revolución armada, y llegó a cometer actos de violencia en Chile. Después del golpe se exilia en Suecia, donde sigue vinculado con el MIR. Pero en esos años también se dedica a estudiar: aprende sueco, cursa la carrera de Economía y poco a poco se da cuenta del disparate absurdo, de la fantasía ideológica que representa el MIR. Termina convirtiéndose en un liberal, al igual que Roberto Ampuero. Pero él, además, se hace miembro del Partido Liberal Sueco y llega a ser diputado. Hace una gran carrera política —lo cual es notable, en una cultura tan distinta a la suya— y defiende la causa de los inmigrantes. Es un tipo brillante que ha escrito con gran elocuencia sobre los casos de Cuba, Argentina, Nicaragua.

Así que estos dos escritores, que no se conocían, se han reunido para contar sus historias en un diálogo. Es un libro que se lee como una novela de aventuras que narra la evolución que han vivido desde su juventud, en aquellos años de la Unidad Popular en Chile. Allí encontramos un retrato de esa América Latina, dominada por los intelectuales y militantes de izquierda, en donde ocurrió la historia de Mayta.

CW: En *Historia de Mayta* aparece el sargento Lituma, el mismo personaje que luego veremos en *Lituma en los Andes* y en otros libros. ¿Por qué recurre a él en tantas de sus novelas?

MVLL: El sargento Lituma y el teniente Silva recurren en varias historias. No sé por qué. Lituma es un personaje que aparece desde las primeras cosas que escribí. Siempre que comienzo una historia se presenta ofreciendo sus servicios. Es muy curioso, pero no podría explicar por qué. Además, es un personaje anodino: un pobre guardia civil, sin grandeza de ningún tipo, con buena entraña, porque lo mueve un sentido de la justicia. Vuelve constantemente y ha aparecido en varias historias —algo que no me ocurre con otros personajes—. Lo único que puedo decir es que hay como un encariñamiento con este Lituma.

CW: ¿Ese personaje está basado en alguien?

MVLL: Que yo recuerde no. Una chica de San Marcos que escribió una tesis sobre mi obra me sorprendió con el descubrimiento de un artículo que —ella dice— escribí cuando estaba en el último año de colegio en Piura. Yo no lo recordaba —de hecho sigo sin recordarlo y nunca he logrado encontrarlo—, pero ella dice que apareció en *La Industria* y demuestra que yo escribí sobre un guardia civil que cuidaba la prefectura de Piura y que se parece mucho a Lituma. Mi abuelo fue prefecto de Piura y de niño viví en la prefectura entre los diez y los once años. Y parece que en el artículo yo cuento cómo me hice amigo de ese guardia y lo retrato cantando para enamorar a una empleada de la prefectura. Le cantaba canciones de época, como «Muñequita linda», y tenía una voz muy bonita. Ese artículo terminaba con la frase «creo que se llamaba Lituma» y la autora de la tesis opina que el Lituma de mis novelas viene de allí. Pero todo eso lo aprendí leyendo la tesis y entonces me dije: «O sea que sí había un Lituma en la realidad».

JS: ¿Y el lector debe entender los distintos Litumas que aparecen en las novelas como el mismo personaje? ¿O se trata de personajes distintos?

MVLL: Creo que el personaje de Lituma es más o menos el mismo que aparece en las distintas historias: es un guardia civil, un hombre humilde con un cierto sentido de la justicia. Hay algo que lo empuja en la buena dirección la mayor parte del tiempo. Es un hombre que ha estado en la selva y que en su juventud fue un gran jaranista, un vago: le gustaba tocar guitarra, ir a las chicherías a bailar. Un día juega a la ruleta rusa en un prostíbulo y un hacendado termina muerto, así que él va a dar a la cárcel. Luego se hace guardia civil, es enviado a distintos puntos del Perú y vive una aventura que cuento en *Lituma en los Andes.* De ahí lo mandan a la selva, donde vive la experiencia de *La casa verde,* antes de regresar a Piura, donde tiene otras aventuras. Lo vemos al final de *La casa verde* y también en *El héroe discreto,* una de mis últimas novelas en donde se aparece. La trayectoria del personaje es más o menos coherente, y su personalidad es más o menos la misma. Es buena gente, aunque puede cometer muchas barbaridades y muchos excesos, pero su vocación es de buena entraña.

RG: ¿Y nunca pensaste en escribir una novela sobre Lituma que reúna todas sus experiencias?

MVLL: ¿Sólo sobre Lituma? No, no me lo he planteado. Pero no descarto que siga apareciéndose en mis novelas, aunque no figura en *Cinco Esquinas,* que es la última que publiqué. No creo que un día haga una novela enteramente sobre Lituma, porque es un personaje secundario, un personaje de rutina, menor, una persona que pasa desapercibida en la calle o en la vida, de esos que Flaubert llama «uno de esos seres humanos que es como un puente porque se les cruza y luego se va a otra parte». Es una imagen terrible, la de un personaje-puente. Sirve para cruzar un pequeño arroyo y luego se lo deja atrás, sin volverlo a mirar nunca.

JAUJA: EL ESCENARIO DE LA REBELIÓN

LARA NORGAARD: Cuando Mayta llega a Jauja por primera vez, describe este lugar como la cuna de la Revolución peruana. En otros momentos se la asocia con el oro o con la tuberculosis. ¿Puede hablarnos de cómo incorporó la mitología de Jauja en la novela?

MVLL: En el siglo XIX se creía que el clima de Jauja era propicio para curar la tuberculosis. Muchos tuberculosos fueron enviados a Jauja y hoy todavía puede verse el edificio que albergó al hospital que recibió a miles de enfermos, ricos y pobres, de todo el Perú. Eso dio origen a muchos chistes sobre Jauja como ciudad de tuberculosos. Con el tiempo se descubrió que aquello era una fantasía y que el clima de Jauja no era particularmente bueno. Y antes de eso, durante la colonia, Jauja se asoció con las minas: de ahí venía el oro del Perú.

LN: La novela presenta la tuberculosis como un mito, como una enfermedad mitificada por la literatura y por la sensibilidad romántica.

MVLL: Exactamente. Hay muchas novelas escritas en el siglo XIX, durante la época romántica y modernista, que están situadas en Jauja y tratan el tema de la tuberculosis. Los autores fueron imitadores de Thomas Mann: quisieron escribir versiones peruanas de *La montaña mágica* e imaginar Jauja como un equivalente latinoamericano de Davos, la ciudad suiza a donde iban a parar todos los tuberculosos. Un ejemplo sería *La ciudad de los tísicos,* la novela de Abraham Valdelomar.

Yo de jovencito trabajé en un periódico y un día, hablando con el director, que se llamaba Pedro del Pino Fajardo, él me contó que de niño había tenido tuberculosis y lo habían enviado al hospital de Jauja. Esa experiencia lo marcó tanto que después publicó una novela, *Sanatorio al desnudo,* en la que presenta una teoría muy excéntrica sobre el bacilo de Koch.

JS: Jauja es el escenario de la rebelión, pero también representa, para el narrador, cierta paz y tranquilidad. Al final del capítulo 9 aparece esta imagen:

Cuando me voy a dormir oigo, por fin, un ruido cadencioso. No, no son los pájaros nocturnos; es el viento, que hace chapalear contra la terraza del albergue las aguas de la laguna de Paca. Esa suave música y el hermoso cielo estrellado de la noche jaujina sugieren un país apacible, de gentes reconciliadas y dichosas. Mienten, igual que una ficción.

MVLL: Paca es la laguna que está en las afueras de Jauja. Cuando fui a Jauja a entrevistar a los habitantes y a preguntarles qué recordaban de la insurrección, me impresionó la belleza extraordinaria de esa laguna en las alturas. Había luna llena y aquel paisaje sugería un mundo absolutamente pacífico, tranquilo, feliz, una imagen que era todo lo contrario de lo que había sido la historia de ese lugar, tan marcado por la violencia, la sangre, la represión, la incomunicación, la pobreza. Jauja es una ciudad paupérrima. Es una gran ironía que esa ciudad fuera alguna vez el símbolo de la riqueza, porque aunque está rodeada de antiguas minas de oro, lo que se ve en las calles es una pobreza terrible.

EL FINAL

RG: El último capítulo de *Historia de Mayta* pone en tela de juicio todo lo que se ha presentado en el resto de la novela. El lector tenía ciertas ideas de quién era Mayta, de lo que había ocurrido, y de repente se da cuenta de que toda esa información puede ser falsa.

MVLL: Cuando aparece Mayta, la realidad irrumpe en la historia. Ofrece una presencia inesperada y da un testimonio que es una última vuelta de tuerca.

RG: De hecho, el tema de la homosexualidad de Mayta, que parecía casi confirmado con todas las entrevistas, queda descartado. El Mayta que aparece en ese capítulo final es bastante homófobo.

MVLL: Es un personaje que tiene todos los prejuicios del mundo. El último capítulo es un comentario sobre la frontera entre la realidad y la ficción. Los capítulos anteriores tienen mucha ficción: el narrador inventa, añade, llena vacíos con fantasías y al final la realidad lo corrige. El resultado definitivo despliega los ingredientes de una ficción: vemos los ingredientes cotejándose, rechazándose, o más bien complementándose.

JS: Además de añadir el último capítulo, en el que se cuenta la entrevista con Mayta, ¿hizo cambios en las secciones anteriores después de su entrevista con el Mayta real?

MVLL: Cuando escribí el último capítulo, la novela estaba prácticamente terminada. Seguramente hice algunas correcciones para evitar las contradicciones demasiado flagrantes, pero ya había concluido la escritura y el libro hubiera podido terminar allí, en el capítulo 9, si no hubiera descubierto que estaba vivo el modelo de Mayta.

Me pareció que incluir la entrevista era importante, algo como aporte a la realidad de la novela. Pensé: «Si aquí está Mayta, conversa con él y vas a darte cuenta que es otro personaje».

He vivido cada una de las novelas que he escrito como una aventura. Mientras investigaba iban surgiendo materiales muy ricos. Por eso me gusta mucho, cuando inicio una novela, empezar la investigación, porque sé que van a ir saliendo cosas que van a enriquecer muchísimo el proyecto inicial.

LA RECEPCIÓN DE LA NOVELA

DIEGO NEGRÓN-REICHARD: En el prólogo afirma que esta novela fue la más maltratada de entre todos sus libros. ¿Cómo explica usted la hostilidad que mostró la crítica? ¿Por qué ese maltrato fue dirigido a esta obra y no a otras?

MVLL: Yo creo que la novela fue maltratada porque en esa época —mediados de los años ochenta— la izquierda aún no aceptaba críticas. Hoy en día sigue siendo muy defensiva, pero por lo menos podemos decir que ha hecho su propia autocrítica y se ha vuelto más tolerante. En aquellos años la izquierda estaba como petrificada en unas verdades ideológicas de las que no había manera de removerla: un mecanismo dogmático que pretendía explicarlo todo, darle respuestas a todo, y no admitía nunca sus propios errores. Cuando aparece *Mayta,* ese retrato de una izquierda que se engaña a sí misma en función de fantasías ideológicas, que no puede aceptar la realidad, provocó una tremenda irritación.

Aun así, como ya he dicho, quizá el hecho que ocasionó las críticas más feroces fue que Mayta apareciera como homosexual. Digo «apareciera» porque al final descubrimos que no era homosexual, que era simplemente una de las muchas versiones que circulaban entre los testimonios. Pero la sola insinuación de que un revolucionario pudiera ser homosexual generó un gran escándalo.

RG: ¿Y las reacciones más críticas a la novela se dieron sobre todo en el Perú?

MVLL: En todas partes aparecieron críticas durísimas. No sólo en América Latina, sino también en España. Y vinieron sobre todo de una izquierda homófoba e intolerante.

RG: ¿Y eso ocurrió también con las traducciones?

MVLL: La crítica fue más tolerante en otros idiomas, pero en el mundo de lengua española hubo mucha hostilidad. Es una novela que ha sido objeto de controversias ideológicas. Siempre me quedé con la curiosidad de saber si el Mayta real alguna vez la leyó.

LA RAZA

MARLIS HINCKLEY: En *Historia de Mayta,* como en otras novelas, la raza tiene una gran importancia: se especifica quién era blanco, quién era cholo, especialmente cuando el narrador trata de reconstruir la insurrección.

MVLL: En el Perú —y en la mayoría de los países latinoamericanos— la raza es un tema solapado, que no sale a la luz, pero que está siempre en las conductas de las personas. Nuestros países son profundamente racistas, en todas las direcciones. No solamente porque los blancos se consideran superiores a los negros y a los indios y a los cholos, sino porque los negros se consideran superiores a los mestizos, o los indios a los negros. Los prejuicios van de arriba para abajo y de abajo para arriba. Al mismo tiempo se disimula mucho, porque la política oficial insiste en que no hay racismo, en que todos somos iguales. Los factores económicos también afectan la definición de quién es indio, de quién es negro, cholo o blanco. Blancos blancos en el Perú hay muy pocos: son una minoría insignificante. Hay gente que se considera blanca, porque alguien que tiene dinero es más blanco que los que no. El dinero blanquea a las personas y la pobreza las cholea. Si tú eres pobre y vives como pobre, entonces dejas de ser blanco, eres cada vez menos blanco y pasas a ser un cholo, un mestizo, un indiecito. Un negro rico casi es blanco. El prejuicio no solamente atiende a la raza, sino también al dinero. Un cholo con dinero ya es blanco y deja de ser tratado como cholo. Al mismo tiempo hay una reivindicación de la raza, como por ejemplo en las corrientes regionalistas. En los años treinta se dio una corriente cholista en la literatura peruana: novelas y cuentos que contaban la vida de los cholos, y que presentaban lo cholo como la esencia del Perú. Porque los cholos habían inventado la música criolla, los bailes, la comida criolla, es decir, todo lo que define la cultura peruana.

Pero todo lo relacionado con la raza es muy sutil y casi no sale a la luz. Se ve, por ejemplo, cuando hay peleas, y alguien insulta a su contrincante diciéndole «cholo de mierda» o «blanquito», «blanquiñoso». Esa configuración está muy presente en la vida de las gentes y aparece en su vocabulario, pero nadie lo reconoce oficialmente porque se supone que ese país no es racista. Todos los países latinoamericanos y quizá todos los países en general son racistas. En todos hay prejuicios raciales que hacen que cierta gente se considere superior por el color de su piel. En mis novelas este fenómeno aparece siempre. Es una constante.

Afortunadamente hemos vivido una evolución, no sólo en el Perú, sino en toda América Latina. Hoy día el racismo está mucho menos extendido que hace veinte o treinta años. Sigue allí, pero en un grado mucho menor. Y la polarización política, que era tan feroz cuando yo era joven, se ha suavizado muchísimo porque hay una práctica de la coexistencia democrática. Creo que eso vale para el conjunto de América Latina en general. Hay un verdadero progreso, que está muy lejos del ideal, pero que tenemos que tomar en cuenta. Si juzgamos a América Latina en función de lo que era hace cuarenta años, hemos progresado muchísimo en todos los campos. Ahora, si la juzgamos en función del ideal, claro que hay muchos defectos todavía. Pero de lo que no hay duda es de que de la América Latina de mi infancia a la América Latina de hoy se ha evolucionado de una manera dramática. Hemos dado pasos gigantescos.

PURITANISMO IDEOLÓGICO

VICTORIA NAVARRO: Vallejo conoce a Mayta en una fiesta donde todos bailan, excepto Mayta, porque a él no le gusta bailar. Lo interesante es que Mayta no quiere que Vallejo descubra su falta de ritmo, como si eso pudiera desprestigiarlo.

MVLL: Mayta es muy puritano: está contra el baile y contra la diversión en general. Es un tipo de revolucionario que yo he conocido y que es como un cura, entregado de cuerpo y alma a la militancia y que no se permite ningún tipo de relajación porque eso, de alguna manera, sería traicionar la causa. Es una actitud religiosa: la de crear un mundo distinto, un paraíso terrenal.

RG: Podríamos decir lo mismo de Fidel Castro.

MVLL: Fidel Castro es el típico revolucionario que habla siempre del futuro, de un mundo de igualdad, de fraternidad, de verdadera libertad. A fin de cuentas, esa utopía no es muy distinta a la que presenta San Agustín en *Ciudad de Dios*.

RG: Y Fidel Castro tampoco bailaba.

MVLL: Ni Lenin tampoco. ¿Quién puede imaginarse a Lenin bailando?

RG: La novela también juega con la forma y con las convenciones de la crónica periodística. Es casi una parodia de ese género, como si un periodista hiciera su investigación pero al final el protagonista de la historia tiene el poder de corregirlo, de imponer su versión de los hechos.

MVLL: Mucho más que una historia, la novela narra la construcción de una historia, la manera como se va armando mediante una investigación de la realidad, con mucho apoyo en la fantasía, en la imaginación.

MH: Hay un momento en que el senador Campos le dice al narrador que va a hablar con mucha franqueza porque se trata de una obra de ficción, aunque a fin de cuentas quizá no es tan franco como dice. Quería preguntarle si en la vida real usted tuvo la misma experiencia: ¿se mostró la gente más abierta con usted porque estaba escribiendo ficción en vez de un reportaje?

MVLL: Es una buena pregunta. Yo creo que sí, que en general la gente me hablaba con más libertad, pensando que yo no iba a utilizar su testimonio para una crónica periodística, donde se supone que la veracidad importa mucho, sino para una ficción. Pero lo que más me impresionó fue que la gente, durante las entrevistas, trataba de justificarse *a posteriori*. Algunos decían «eso de ir con cuatro personas a un cerro a disparar al aire era un disparate y un suicidio», a pesar de que todo indicaba que habían apoyado la sublevación. Otros habían sido amigos y cómplices de Mayta pero ahora lo acusaban de haber sido agente de la CIA. Me di cuenta de que el testimonio que daban estaba contaminado por la historia posterior, por la manera en que la revolución había fracasado.

KYLE BERLIN: En *Historia de Mayta,* como en la mayoría de sus novelas, los protagonistas padecen de una gran melancolía. ¿De dónde viene esa tristeza?

MVLL: Es muy buena observación. Hay una melancolía fundamental en las experiencias que son la materia prima de mis novelas. Como todos los novelistas, yo trabajo con la memoria, porque allí se conservan imágenes que pasan a ser el punto de partida de una historia. Durante el proceso de trabajo es imposible que no surja una nostalgia, una visión algo melancólica de los años de juventud, de los años que uno evoca al fantasear una historia situada en esa época. Esa melancolía es el contexto emocional de las historias que se cuentan, sobre todo de aquellas que están basadas en hechos del pasado. Son épocas que yo, de alguna manera, he vivido, aunque no haya sido exactamente como esos personajes, pero el contexto se corresponde con lo que yo viví. A pesar mío, la escritura puede estar impregnada de mucha nostalgia por la niñez perdida, por la adolescencia, por los años de juventud que marcan la personalidad.

PUNTO FINAL

RG: ¿Podrías comentar la última frase de la novela? «Y recuerdo, entonces, que hace un año comencé a fabular esta historia mencionando, como la termino, las basuras que van invadiendo los barrios de la capital del Perú.»

MVLL: *Historia de Mayta* comienza y termina con la misma visión de los basurales. Es un final pesimista porque el libro no ha podido alejarse de esa basura que lo invade todo.

5. ¿Quién mató a Palomino Molero?

¿Quién mató a Palomino Molero? (1986) comienza con el descubrimiento de un cadáver torturado que da lugar a una extensa investigación. El sargento Lituma y el teniente Silva entrevistan a todos los habitantes del lugar, incluyendo al coronel Mindreau, un poderoso militar de la región que se convierte en uno de los principales sospechosos y que termina por suicidarse sin que el crimen haya sido esclarecido. Cómo establecer la verdad es una de las principales preguntas que hace la novela.

RUBÉN GALLO: Al igual que *Historia de Mayta*, *¿Quién mató a Palomino Molero?* es una novela basada en un hecho real, en una noticia menor que ocurrió en el Perú y que tú investigaste para escribir una ficción.

MARIO VARGAS LLOSA: Sí: la historia que cuenta *¿Quién mató a Palomino Molero?* es real. Está basada en la desaparición de un joven soldado de la aviación militar que era un chiquito aparentemente anodino, común y corriente, que no destacaba en nada. Un día lo encontraron muerto y resultó que lo habían maltratado antes de asesinarlo. Hubo una investigación y cuando alguien dijo que había visto al soldadito con la hija del jefe de la base aérea, de inmediato se tapó el caso.

En esa época el Perú vivía aún bajo la dictadura de Odría y los militares eran intocables. Todo el mundo pensó que el chico enamoró a la hija del jefe de la base militar, y que entonces fue castigado y asesinado. La investigación nunca concluyó, fue interrumpida y enterrada, pero quedó un rumor flotando en el ambiente y quedaron muchas preguntas: ¿qué es lo que ocurrió?, ¿enterraron esa historia porque había militares comprometidos? Es lo que se da a entender en mi novela.

La historia real ocurrió en Talara, una ciudad muy pequeñita en la costa de Piura que yo visité en 1946 y luego en 1952. Era muy conocida porque albergaba una empresa canadiense-norteamericana que explotaba el petróleo y también una base aérea, que es donde ocurrió la desaparición del muchacho. La historia que cuento está inventada a partir de ese dato único que es el descubrimiento del cadáver de un soldadito que ha sido maltratado ferozmente.

La novela tiene una estructura policial. Quise crear un suspenso deliberado en torno a esta muerte y ahí reaparece Lituma, ese personaje que vuelve a presentarse cada vez que comienzo una historia, ofreciéndose como voluntario para la trama. Es como si me dijera: «No, usted no me ha aprovechado a mí lo suficiente. Usted me ha desperdiciado hasta ahora en las historias que ha contado. Yo aquí sigo, puedo seguir sirviéndolo». De entre todos los personajes que he creado, es el que más reaparece en mis relatos, aunque no sé explicar por qué.

Palomino Molero iba a ser un relato pero terminó siendo una pequeña novela. Me pasó algo parecido con *Pantaleón y las visitadoras:* comencé a escribir una historia que yo quería breve pero me sentí cada vez más empujado a extenderla, a ampliarla, a entreverarla. Es una tendencia que tengo siempre al inicio de la escritura:

aunque la primera idea sea de una historia muy limpia, muy clara, se va enredando poco a poco. Es una especie de vocación natural hacia el laberinto, hacia el enredo, hacia la complejidad para que esa historia cobre una mayor intensidad, una mayor profundidad, una dimensión que desborde lo puramente anecdótico.

PIURA

RG: *¿Quién mató a Palomino Molero?* está ambientada en la región de Piura, una ciudad que aparece en varias de tus novelas y también en tu libro de memorias. ¿Puedes hablarnos de la importancia de este lugar en tu obra?

MVLL: Mi relación con Piura, esa ciudad del norte del Perú, cerca de la frontera con el Ecuador, es muy importante. Curiosamente me ha marcado muchísimo: yo viví en Piura sólo dos años, que ni siquiera fueron años completos sino años escolares. Llegué cuando tenía diez u once y estudié allá el quinto de primaria, en el colegio de los Padres Salesianos, y luego el quinto de media, que es el último, en San Miguel de Piura, en un colegio estatal. Pasé apenas unos cuantos meses allí y sin embargo he escrito muchísimo sobre esa ciudad: mis novelas *La casa verde* y *El héroe discreto* están ambientadas allí; por lo menos tres de los cinco relatos de *Los jefes,* mi primer libro de cuentos; y la obra de teatro *La Chunga*.

Piura me marcó mucho y no sabría explicar por qué. Lo mismo ocurrió con un viaje de un par de semanas que hice a la Amazonía en el año 58, pero que me impresionó tanto que escribí tres libros inspirados en esa experiencia. Piura me dejó una enorme cantidad de imágenes en la memoria que luego han sido puntos de partida para historias.

¿Por qué Piura? Quizá porque mis primeros recuerdos del Perú ocurren allí. Aunque yo nací en Arequipa, mi familia me sacó cuando tenía un año —no tengo recuerdos de mi ciudad natal— y pasé toda mi infancia en Bolivia. Como ocurre con las familias expatriadas, la mía vivía con una gran nostalgia y soñaba con volver al Perú. Yo crecí con ese anhelo y, cuando pude hacerlo, la primera ciudad en la que viví fue Piura. Me impresionó muchísimo ese paisaje que contrastaba tanto con las sierras andinas de Cochabamba. Piura estaba rodeada de desiertos y la arena llovía sobre las casas. Era una ciudad pequeñita y desde las esquinas se veía el desierto, y el paisaje iba cambiando a medida que el viento deshacía y rehacía los médanos.

Llegué a Piura cuando tenía diez años y recuerdo que mis compañeros de colegio se burlaban de mi acento porque hablaba como boliviano, como serranito. Me fastidiaban diciéndome: «Sh, sh, sh», porque los serranos en lugar de pronunciar la «s», pronuncian «sh». «Sherrano, tú eres un sherrano», me decían, burlándose de mi manera de hablar. Yo le preguntaba a mi mamá: «¿Pero si soy peruano, por qué se burlan de mí?». Me hacían sentir un extranjero, y eso me dolía muchísimo.

Piura también está relacionada con una cierta edad de la inocencia. Yo hasta los diez años fui un niño totalmente ingenuo en materia sexual, algo que en esa época era muy frecuente en el Perú y en Bolivia, a diferencia de hoy, cuando los niños de diez años ya lo saben todo. A esa edad todavía creía, aunque parezca broma, que las cigüeñas traían a los niños de París. Y me imagino que no sólo yo sino muchos chicos de mi edad, en toda América Latina, creían lo mismo porque imperaba una educación muy conservadora y muy cerrada en materia sexual.

Recuerdo que una tarde había ido a bañarme al río con compañeros del colegio. Empezaron a hablar y poco a poco descubrí que no era verdad que las cigüeñas traían a los niños desde París. Aprendí, escuchando a mis amigos, cómo ocurrían las cosas en realidad. Para mí fue un verdadero trauma imaginar que así había nacido yo. Pensé: «¡Qué horror, qué porquería! ¿Eso es el sexo? ¡Qué asco! ¡Qué cosa tan inmunda!». Me produjo un verdadero trauma que duró mucho tiempo. Quizá fue por esa revelación tan traumática que los recuerdos de Piura perduran con esa vivacidad en mi memoria y han enriquecido mi trabajo de escritor. Ya después me fui haciendo a la idea y me fue pareciendo cada vez menos repugnante, hasta que me di cuenta que la cosa tenía cierta gracia.

Ahora que estoy viejo, todavía hay imágenes de Piura que se presentan y que me empujan a fantasear sobre ese lugar, y no descarto que en el futuro pueda escribir otras historias que ocurran allí, aunque sería un lugar que ya no existe, porque la ciudad que tengo en la memoria —pequeñita, rodeada de desiertos— hoy día dejó de existir. El desierto ha sido transformado en pequeñas granjas irrigadas y ahora el paisaje es verde. De hecho, es una de las ciudades peruanas que más han progresado en los últimos años. En mi novela *El héroe discreto,* ya aparece una ciudad muy diferente.

RG: ¿Podrías hablarnos del uso de regionalismos en la novela?

MVLL: La manera de hablar piurana es muy diferenciada: el cantito, la musicalidad del acento se reconocen inmediatamente, aunque la modernización ha ido borrando esas variantes regionales. Pero cuando era niño, la manera de hablar de los piuranos era muy marcada. Yo nunca he querido hacer literatura pintoresca, escribir relatos que estén muy centrados en una cierta manera de hablar, porque creo que la explotación del color local le hizo mucho daño a la literatura latinoamericana en una época. Pero en *Palomino* esa musicalidad del habla piurana me sirvió mucho para crear un ambiente prototípico del lugar. Por eso en esta novela, como también en *La casa verde* y en *El héroe discreto*, hay una utilización constante pero prudente del habla local.

¿Qué quiere decir prudente? Me refiero a un uso funcional de ese lenguaje que permita que los personajes se expresen de una manera que los caracterice como habitantes de un cierto lugar y de una cierta época. Pero es muy importante que su forma de hablar no se coma al personaje y se convierta en el ingrediente fundamental del relato, que es lo que ocurre en el nativismo, en el criollismo y en la literatura pintoresca que explota el color local. Yo no quiero un relato que gire en torno a una cierta manera de hablar o de expresarse; quiero que la forma de expresarse sirva para ahondar en los rasgos psicológicos, en la idiosincrasia, en el comportamiento de mis personajes. Así que aunque utilizo muchos modismos locales o, como en esa primera frase, una musicalidad muy especial, siempre he procurado que lo importante, lo fundamental sean la historia y el personaje, y no el color local del habla. Es la diferencia entre una literatura realista y una literatura folclórica, en la que el folclor prevalece sobre lo literario, como hemos visto en ciertas épocas de la literatura peruana y de la literatura latinoamericana.

RG: ¿Podrías hablarnos de la palabra *jijunagrandísima,* que es la primera de la novela? El relato abre con esta frase sorprendente:

—Jijunagrandísimas —balbuceó Lituma, sintiendo que iba a vomitar—. Cómo te dejaron, flaquito.
El muchacho estaba a la vez ahorcado y ensartado en el viejo algarrobo, en una postura tan absurda que más parecía un espantapájaros.

MVLL: *Jijunagrandísima* es apócope de «grandísimo hijo de puta». Hay una «h» que se convierte en una «j» para darle mayor fuerza a la expresión. Con esas dos jotas la palabra *jijuna* es muy violenta, expresa fuerza y vulgaridad. También es un eufemismo que evita mentar a la madre, aunque cualquiera que lo oye y está en antecedentes sabe que «jijunagrandísima» es el peor insulto que uno puede pronunciar.

RG: ¿Por qué decides comenzar la narración con esa palabra?

MVLL: Por varias razones. En primer lugar quería mostrar que esta historia ocurre en un mundo popular, en donde este lenguaje es muy frecuente. Una persona más educada diría «hijo de puta» y no «jijunagrandísima». Un lector piurano, un lector peruano entiende inmediatamente que se trata de un contexto muy popular.

RG: ¿Es una expresión típica de Piura?

MVLL: No: se dice en todo el Perú, por lo menos se decía cuando yo era niño. Recuerdo que en el colegio nadie decía «hijo de puta» porque era una expresión muy violenta, sino «jijuna», en donde el insulto quedaba atenuado por el eufemismo. Hay un apócope ahí, hay algo silenciado.

Esa palabrota también anticipa la violencia terrible que va a transcurrir en el relato.

TÉCNICA LITERARIA: EL DATO ESCONDIDO

RG: En esta novela utilizas la técnica narrativa que has llamado «el dato escondido». Hay elementos fundamentales de la trama —empezando por la pregunta que hace el título: ¿quién mató a Palomino Molero?— que nunca quedan resueltos. Los datos más importantes para comprender lo que ocurrió están ausentes del relato.

MVLL: Sí. Hemingway contaba que él descubrió el secreto de su arte un día, mientras escribía una historia que terminaba con el suicidio del protagonista. No sabía cómo contarla, así que la reescribía y la reescribía, hasta que de pronto se le ocurrió ocultar el hecho central de la historia, no narrar el suicidio del protagonista. Descubrió que ese silencio puede ser locuaz, puede convertirse en un silencio que le va a hablar muy fuerte al lector porque lo deja al borde de un precipicio, preguntándose qué pasó realmente. Por eso el lector es quien tiene que decidir si el protagonista se suicidó o no. Los cuentos y las novelas de Hemingway juegan mucho con esos silencios y por eso ocultan tantas cosas. «The Killers», por ejemplo, cuenta la historia de dos pistoleros que llegan a una ciudad norteamericana y preguntan por un señor al que no conocen pero a quien tienen que matar porque son asesinos a sueldo. Un amigo se entera y corre a advertirle, diciéndole: «Huye, vienen a matarte». Pero el hombre no se mueve y parece resignado a que lo maten. Es un ejemplo de cómo lo más importante está silenciado: la razón por la cual ese hombre no huye y acepta morir asesinado. Hay una adaptación cinematográfica de esta historia —*The Killers,* dirigida por Don Siegel, en la que Ronald Reagan interpreta un papel secundario—, que es muy bonita porque está contada desde el punto de vista de uno de los asesinos, que se queda muy extrañado después del asesinato porque dice: «Cuando a un hombre lo van a matar —y yo he matado a muchos—, ese hombre reacciona: corre, se asusta, llora o pelea. Sale a enfrentarse. Pero que alguien espere tan resignado a que uno venga a matarlo, eso no lo he visto nunca. Hay algo extraño aquí en este personaje que hemos matado». Así que el matón comienza a investigar por qué su víctima no reaccionó y eso lo lleva a reconstruir la vida y la identidad de esa persona que no conocía. Y la película le da otro giro de tuerca a la historia, que no está en el cuento de Hemingway: después de enterarse quién había sido su víctima, va a matar al malo que lo contrató y le dice: «Yo ya sé por qué ese señor no reaccionó. Porque ya estaba muerto. Usted lo mató hace veinte años, con la traición monstruosa que cometió, quitándole la mujer y atribuyéndole un crimen que él no había cometido. Él ya estaba muerto y yo maté a un muerto». Es muy bonito porque ese esquema de la historia de Hemingway se puede rellenar de mil maneras diferentes. Él narra simplemente el esqueleto de una historia que el lector debe completar, participando muy activamente en la realización del cuento.

Palomino Molero le debe mucho a esa idea. En mi juventud yo leí a Hemingway con mucho entusiasmo, sobre todo los cuentos. Si hay un libro mío en el que la influencia remota de Hemingway está presente, seguramente es *Palomino Molero*. No por lo que se dice sino por lo que se calla: hay muchos elementos silenciados en esta historia.

LOS PERSONAJES

Mindreau

RG: En *Palomino Molero* hay un personaje que recuerda al Cayo Bermúdez de *Conversación:* el coronel Mindreau, uno de los militares de la base aérea, es también un funcionario oscuro que abusa del poder que le confiere su grado.

MVLL: Es un personaje truculento, feroz, terrible.

RG: Pero Mindreau es menos temible que Cayo Bermúdez y parece redimirse en última instancia. Aunque el final de la novela es ambiguo, una lectura posible terminaría con una toma de conciencia por parte de Mindreau.

MVLL: Hay una ambigüedad en el cierre de la novela. Si Mindreau hubiera sido un asesino incestuoso, el lector no lo habría aceptado. La reacción del lector es siempre defensiva: si un lector se topa con un personaje absolutamente monstruoso se siente contaminado por esa monstruosidad y su manera de defenderse es no creer, decir: «No, esto es una exageración, esto va más allá de lo aceptable, y por lo tanto esto no tiene nada que ver ni conmigo ni con los seres humanos reales». Hay que ir burlando las defensas del lector para que la historia pueda ser aceptada por él.

Es por eso que el final de la novela es ambiguo y el lector se pregunta qué pasó realmente: ¿fue todo una invención de la hija esquizofrénica que se imagina cosas? ¿O quizá el esquizofrénico es el propio Mindreau, porque juega a tener dos personalidades, una con su familia y la otra en público? Eso es algo que el lector tiene que decidir. Si yo hubiera dado una solución única y definitiva, la historia correría el riesgo de ser juzgada inverosímil. El personaje resultaría tan monstruoso que el lector lo rechazaría y con él toda la trama.

RG: La novela juega mucho con la idea de la verdad. ¿Qué es la verdad y cómo podemos establecerla? Al final quedan muchas preguntas sin respuestas claras, muchas ambigüedades que el lector debe resolver. Algo que sí sabemos con certeza es que Mindreau se suicidó pegándose un tiro.

MVLL: Sí: ese suicidio es una verdad en la novela, a diferencia de muchos otros elementos que nunca quedan esclarecidos.

Doña Adriana

RG: Ahora me gustaría conversar sobre un pasaje, casi al final de *Palomino Molero,* que narra una escena muy cómica. El teniente Silva pasa gran parte de la novela queriendo enamorar a doña Adriana, la dueña de la fonda del pueblo, pero ella no le hace caso. Un día decide ir a casa de esta señora para forzarla a que lo acepte. Pero resulta ser una mujer muy fuerte —mucho más fuerte de lo que Silva o el lector hubieran podido imaginar— y el que sale perdiendo es Silva.

MVLL: Doña Adriana es una mujer llena de recursos: humilla al teniente y lo deja paralizado. Usa la psicología para ganar la batalla.

RG: Es una escena muy compleja. Valdría la pena releer el pasaje en que doña Adriana le narra a Lituma la visita de Silva. Allí vemos cómo ella logra espantar al teniente usando el lenguaje como única arma. Doña Adriana recuerda:

> [Silva] comenzó a decirme una serie de huachaferías [...]. Ya no puedo seguir viviendo con tantas ansias. Me estoy rebalsando de deseo de usted. Este

metejón no me deja vivir, ya alcanzó el límite. Si yo no la poseo, terminaré pegándome un tiro un día de éstos. O pegándoselo a usted. [...]

—Me quité el camisón y me quedé en cueros [...]. Y empecé a decirle a tu jefe unas cosas que nunca se soñó —explicó doña Adriana—. Mejor dicho, unas porquerías que nunca se soñó [...]. Ya, pues, aquí estoy, qué esperas para calatearte, cholito —dijo doña Adriana, con la voz vibrando de desprecio e indignación. Sacaba el pecho, el vientre, y tenía los brazos en jarras—. ¿O te da vergüenza mostrármela? ¿Tan chiquita la tienes, papacito? Anda, anda, apúrate, bájate el pantalón y muéstramela. Ven, viólame de una vez. Muéstrame lo macho que eres, papacito. Cáchame cinco veces seguidas, que es lo que hace mi marido cada noche. Él es viejo y tú joven, así que batirás su récord ¿no, papacito? Cáchame, pues, seis, siete veces. ¿Crees que podrás? [...] Anda, pues, papacito, sácate los pantalones, quiero verte la pichulita, quiero saber de qué tamaño la tienes y empezar a contar los polvos que vas a tirarme. ¿Llegarás a ocho? [...] Se quedó turulato, si lo hubieras visto [...]. Por supuesto que ni se quitó el pantalón ni nada —dijo doña Adriana—. Y todas las ganas que traía se le hicieron humo.

—No he venido a que se burle de mí —clamó el teniente, sin saber dónde meterse—. Señora Adriana.

—Claro que no, concha de tu madre. Tú has venido aquí a meterme miedo con tu pistolita y a violarme, para sentirte muy macho. Viólame, pues, supermán. Anda, apúrate. Viólame diez veces seguidas, papacito. Así me quedaré contenta. ¿Qué esperas? [...]

... gracias a mi locura, tu jefe se fue con la música a otra parte. Y con el rabo entre las piernas. Haciéndose el ofendido para colmo, el muy conchudo. [...] Y míralo cómo ha quedado. Por los suelos [...]. Si hasta me da pena, ahora.

MVLL: En la novela la narración está entreverada: doña Adriana habla con Lituma en presente, pero el relato de su encuentro con Silva está en pasado. Esta escena —grotesca pero también muy cómica— sirve de contrapeso a la historia del soldadito asesinado, que es terrible. El relato de doña Adriana contiene muchas malas palabras, pero usadas con mucho humor para rebajarlas de vulgaridad.

RG: Hay un momento muy divertido en el que, después de la retahíla de groserías que le dice doña Adriana, Silva responde: «Usted no tiene derecho a tratarme así», olvidándose de que él había venido a violarla.

MVLL: Claro, Silva esperaba una actitud pasiva, de una mujer asustada, pero la mujer le gana la moral muy rápido. El lector descubre que en el fondo Silva no es tan mala persona: otro hubiera podido precipitarse a golpearla, pero el teniente Silva queda derrotado psicológicamente por las iniciativas de doña Adriana.

RG: Aquí vemos un tema que aparece mucho en tu obra: el poder que tiene el lenguaje para cambiar la realidad. Doña Adriana usa las palabras como un arma para defenderse y para neutralizar a Silva.

MVLL: En algún lugar leí que en las artes marciales el buen luchador utiliza la fuerza del adversario para devolvérsela. Un profesional avezado usa la fuerza del golpe, aumentada por su audacia, para responder al ataque de su contrincante. Es lo que hace doña Adriana en esta escena. Llega a su casa un matón pensando que la va a intimidar pero ella responde con una agresión mayor. Es como si, a través del lenguaje, ella lograra usar la fuerza que traía el teniente para devolverle el ataque. Se expresa con la vulgaridad con la que se manifestaría el macho matón, y la letanía que resulta es todavía más vulgar y más agresiva de lo que hubiera podido expresar el propio teniente. Su audacia es tan grande que él no sabe cómo responder y queda paralizado. En eso consiste la inteligencia de doña Adriana. Y lo que es divertido es que al final ella se ríe, se festeja a sí misma, y termina su relato con una coquetería, diciéndole a Lituma: «Mándale saludos al teniente de mi parte». Es un momento de picardía que sirve también para que crezca el personaje de doña Adriana.

Alicia

MIGUEL CABALLERO: Las otras mujeres de la novela no tienen el mismo poder que doña Adriana. Alicia, por ejemplo, carece de esa capacidad de usar el lenguaje para sobrevivir en este entorno machista. De hecho acaba opacada por todos los hombres que tiene alrededor. Alicia pertenece a una clase social más alta pero tiene más dificultad para lidiar con el machismo.

MVLL: Alicia es un personaje más misterioso. Es difícil saber hasta qué punto es lúcida, hasta qué punto es sincera, hasta qué punto es retorcida, hasta qué punto es consciente de las cosas que hace. Lo que sí sabemos es que tiene una cultura mayor y que está en un nivel social más elevado que los otros personajes, pero eso no la hace más fuerte: hay momentos en que parece muy vulnerable aunque, según el testimonio de su padre, ella es una fuerza destructora muy grande. ¿Quién tiene la verdad? Yo no lo sé: depende de la lectura que haga cada lector.

EL PROBLEMA DE LA VERDAD

RG: *Palomino Molero* demuestra que una verdad objetiva no siempre resulta creíble para el público. El lector sabe que Mindreau se suicidó —se trata de una de las pocas verdades demostrables en la novela— pero los aldeanos, la gente del pueblo, no lo creen, en parte porque aseguran que los poderosos no se suicidan: si mueren es porque alguien los asesinó. ¿Puedes hablarnos de ese pueblo incrédulo, que se guía menos por la razón que por ciertas fantasías? Ese episodio parece anticipar lo que ocurrió durante tu campaña presidencial: también allí había un pueblo que no quería creer en ciertas verdades demostrables.

MVLL: Me parece fascinante ese proceso de mitificación que ocurre en el ámbito de lo que ha sido llamado la opinión pública. La opinión pública realiza extrañas operaciones que producen un resultado curioso: las verdades pasan a ser mentiras y las mentiras pasan a ser verdades. Hay cosas que la gente no quiere creer y al mismo tiempo cree cosas que no son ciertas. Uno de los grandes instrumentos de esa transformación es la literatura. Las versiones literarias de la historia muchas veces se superponen a la historia y la reemplazan, como ocurre con *La guerra y la paz*. Es una novela tan absolutamente extraordinaria que los lectores llegan a creer que así ocurrieron las cosas en la realidad, aunque los historiadores se han empeñado en demostrar que Tolstoi se tomó muchas libertades y que la realidad fue más compleja o más sencilla que la versión del novelista. Nadie que lea a Tolstoi puede imaginar que las batallas que él narra fueron de otra manera. La literatura reemplaza a la verdad, como ocurre también en la batalla de Waterloo narrada por Victor Hugo. Esta batalla está narrada tan maravillosamente en *Los Miserables* que al final los lectores salen convencidos de que ésa fue la verdad histórica. Los expertos han demostrado que no fue así, pero la fuerza persuasiva de la novela es tan grande que transforma la mentira en la verdad. Esto es lo que hace la literatura: transformar la realidad.

Ocurre algo más complicado y más oscuro cuando la opinión pública se impone sobre la verdad, transformando la verdad en mentira o viceversa. Es algo muy frecuente en todas partes, aunque lo es más en países que tienen una tradición de dictadura, de demagogia, de tergiversar la realidad. Allí las fronteras entre verdad y mentira tienden a desvanecerse, como ocurre con frecuencia en América Latina. En nuestro continente, las verdades y las mentiras políticas se confunden hasta el grado que resulta casi imposible distinguir entre una y otra. Es lo que vemos en *Palomino Molero* cuando la gente se niega a creer que el coronel Mindreau se suicidó. El pueblo vive rodeado de crímenes que no se resuelven, de situaciones en donde la violencia se impone a la legalidad, y por eso tiene una gran incredulidad con respecto a la verdad. La ironía es que cuando se revela la verdad, ellos la toman como una mentira más.

RG: Algo parecido ocurrió con el informe de la comisión en la que participaste para elucidar la masacre de Uchuraccay.

MVLL: Sí, esa historia tiene mucho que ver con este tema. Recordemos brevemente los hechos. A principios de los ochenta la guerrilla de Sendero Luminoso había esparcido la violencia por todo el Perú. Comenzó en Ayacucho, la ciudad andina en el centro del país, que se convirtió en el foco de ese movimiento terrorista inspirado en la revolución cultural china y en las ideas de Mao Tse-Tung. Un día llegó a Lima la noticia de una matanza en un lugar muy remoto, en las comunidades iquichanas, que son pueblos muy primitivos asentados en las alturas de Ayacucho, en las partes más altas de la cordillera. Un grupo de periodistas —casi todos de izquierda— salió hacia Ayacucho para verificar si era cierto lo de las matanzas y cuando llegaron a Uchuraccay fueron asesinados de una manera horrible.

Estalló un escándalo monumental y se pensó que los responsables habían sido los militares. La prensa de izquierda asoció este crimen a las matanzas de campesinos perpetradas por los soldados. Hay que recordar que el ejército había sido llamado a luchar contra los grupos senderistas que cometían atentados terroristas por todo el país, y se habían dado varios casos muy comentados de militares que asesinaron a campesinos que protegían a los senderistas. Así que la prensa responsabilizó al ejército del asesinato de los periodistas en Uchuraccay y la opinión pública pedía justicia y castigo a los responsables.

Entonces el presidente Belaúnde Terry, que era civil y había llegado a la presidencia en elecciones libres, nombró a tres personas para que integraran una comisión investigadora: al director del colegio de periodistas, a un jurista muy respetado y a mí. Los tres viajamos a Ayacucho y pasamos varias semanas interrogando a militares, a dirigentes sindicales y a líderes políticos antes de ir hasta Uchuraccay. Fue una experiencia muy impresionante porque tuvimos un cabildo con los campesinos de ese lugar y, durante una sesión muy agitada, nos dijeron: «Sí, nosotros los matamos, porque creímos que eran terroristas, creímos que eran senderistas».

¿Qué pasó, resumiendo la historia? Los senderistas, para escapar al control de la policía y del ejército, se ocultaban en las regiones más altas de la cordillera, que es donde están esas comunidades iquichanas. Eran comunidades muy primitivas, que a principios del siglo XIX se aliaron con los españoles y lucharon contra las fuerzas independentistas. Defendieron la colonia por odio a quienes encabezaban los movimientos de independencia. Tenían una tradición de violencia. Los senderistas pasaban por allí, se alojaban en estas comunidades —que son muy pero muy pobres, a diferencia de los habitantes del valle del Mantaro, que son relativamente prósperos—, comían los alimentos y mataban los animales de estos campesinos, se llevaban a los niños para entrenarlos y les exigían pagar cupos para la guerrilla. Todo eso había creado conflictos entre las comunidades iquichanas y los senderistas.

Se dieron varios incidentes de campesinos asesinados por senderistas, así que los habitantes de Iquicha hicieron un cabildo reuniendo a comunidades de toda esa región y acordaron finalmente enfrentarse a Sendero Luminoso, no por una cuestión ideológica sino porque los guerrilleros se habían convertido en una carga muy dura para esos pueblos tan pobres. Además, querían evitar problemas con la policía o con el ejército. Así que se enfrentan a los senderistas, emboscan a más de cuarenta guerrilleros y los matan. Y como habían cometido tantos asesinatos vivían en un estado de gran convulsión, esperando la respuesta de Sendero, temiendo que los senderistas llegaran a tomar represalias. Nada de eso se sabía en Lima, ni fuera de esas montañas altas de la sierra de Ayacucho.

Fue justo en ese momento cuando aparecieron los ocho periodistas con su guía. Estaban completamente desinformados de lo que ocurría y sólo querían investigar sobre los asesinatos de campesinos que se le imputaban al ejército. Ellos llegaron haciendo preguntas y la comunidad reaccionó con un furor terrible: los rodearon, los atacaron, les pegaron con palos. Varios de los periodistas hablaban quechua y trataron de explicarse, pero no sirvió de nada y al final los asesinaron.

Y esto fue lo que nosotros concluimos de la investigación: que los mataron porque estaban en un estado de convulsión y los tomaron por senderistas. Además, habían tomado mucha chicha y muchos de ellos estaban bebidos. No fue un crimen deliberado para acabar con los periodistas: fue algo inesperado, en parte porque hasta allá no llegaba nadie que no fuera un militar o un senderista. Y como los periodistas eran civiles los confundieron con guerrilleros.

Ésa fue una verdad que no creyó nadie. Los miembros de la comisión fuimos atacados con una ferocidad difícil de imaginar: nos acusaron de haber mentido, de haber fabricado una mentira para justificar al ejército, de estar de parte de los militares, de conspirar con el gobierno para engañar a la opinión pública. Muchos años después, luego del fin de la dictadura de Fujimori, se establece la Comisión de la Verdad, presidida por un profesor de Filosofía muy prestigiado de la Universidad Católica y conformada por un equipo de sociólogos, médicos y psiquiatras. El informe de esta comisión —que es fascinante, dicho sea de paso— llega exactamente a las mismas conclusiones que nosotros habíamos sacado veinte años antes. Pero a pesar de esa investigación y del trabajo de la comisión, todavía resulta muy difícil hacer creer a los peruanos, o a un sector importante de la opinión pública peruana, que así ocurrieron las cosas, porque la idea de que hay campesinos que asesinan a periodistas no entra dentro de los esquemas ideológicos. Hay un prejuicio que establece que los responsables de cualquier asesinato de campesinos son forzosamente los militares.

Es cierto que los militares cometieron muchos crímenes, pero no el de Uchuraccay. Es muy difícil hacer aceptar una verdad sin atenuantes. Y sin embargo ésa es la verdad. Pero la verdad se volatiliza cuando se enfrenta a una opinión pública marcada por la ideología. ¿Qué sucede cuando una persona tiene ciertos esquemas ideológicos y se encuentra con una realidad que no encaja en ellos? Lo lógico sería cambiar de esquemas, pero hay gente que prefiere quedarse con sus esquemas y cambiar la realidad. Es un caso que tiene mucho que ver con la historia de Palomino Molero.

RG: ¿Podríamos decir que los tres miembros de la comisión investigadora tenían el mismo papel que el teniente Silva en la novela?

MVLL: Sí, claro.

RG: Como Silva, se trata de tres personas que quieren esclarecer los hechos, sin otras motivaciones de por medio. No reciben beneficios económicos, ni políticos ni de otra índole. Pero nadie cree el resultado de la investigación.

MVLL: El resultado al final no sirve para aplacar la opinión pública. Al contrario, la exacerba y vemos que el odio hacia los militares se desplaza hacia los miembros de la comisión. Durante años la historia de Uchuraccay y la acusación de haber amparado a los militares me persiguió como una pesadilla recurrente.

RG: Hay un momento en *Palomino Molero* en que el teniente Silva le dice a Lituma: «Nada es fácil, Lituma. Las verdades que parecen más verdades, si les das muchas vueltas, si las miras de cerquita, lo son sólo a medias o dejan de serlo».

MVLL: Así es. Exactamente.

RG: En *El pez en el agua* cuentas otro ejemplo de este fenómeno: los asesores de Fujimori lanzaban acusaciones falsas, que tu equipo intentaba refutar con argumentos lógicos y con pruebas materiales. Esa evidencia lograba convencer a los intelectuales pero no a la opinión pública, que prefería creer en las acusaciones falsas.

MVLL: Es un problema que ocurre en todas partes, pero que depende en gran medida del nivel cultural de una sociedad. Hay sociedades en donde es mucho más difícil hacer pasar las mentiras por verdades y culturas en donde la opinión pública es menos manipulable. También allí pueden pasar las mentiras, pero tienen que ser más sutiles, menos crudas que las que se hacen pasar por verdades en una sociedad subdesarrollada.

Lo que distorsiona profundamente la visión objetiva de la realidad es la ideología: los prejuicios y las convicciones de tipo político. Hay unos esquemas por un lado y la realidad por el otro. Y cuando la realidad no encaja en estos esquemas, son éstos los que prevalecen.

LA VISIÓN OPTIMISTA

RG: *Palomino Molero* marca un momento importante en la evolución de tu obra. Las novelas anteriores presentaban una visión muy negativa, muy oscura de la realidad política del Perú. *Conversación en La Catedral* es el ejemplo más claro porque allí aparece un mundo donde no hay esperanza. En la primera página el protagonista, Santiago Zavala, nos dice que el Perú se ha jodido y al final de la novela todos los personajes, sea cual fuere su posición política o social, terminan destruidos moralmente. *Palomino Molero* también presenta una sociedad marcada por la corrupción, la violencia y la impunidad pero hay un atisbo de esperanza en personajes como Silva y Lituma, que tienen integridad, que no son corruptos, que no se venden. Ese optimismo se va ampliando y culmina con novelas como *El héroe discreto* y *Cinco Esquinas,* que presentan una imagen muy positiva del Perú actual: un lugar en donde las instituciones democráticas se han fortalecido, la economía ha mejorado y las oportunidades para las clases medias se han ampliado. *Palomino Molero* es una de tus primeras novelas en donde aparece ese rayo de esperanza. Se publicó en 1986, unos meses antes del lanzamiento de tu campaña presidencial: ¿qué ocurre en esos años que te lleva a pensar que la realidad del Perú ya estaba cambiando para mejor?

MVLL: Yo no era consciente en absoluto de ese optimismo, aunque después la crítica ha señalado que, a partir de entonces, aparece una visión menos pesimista, menos negra, menos truculenta de la realidad peruana. Es cierto, pero no fui consciente de este cambio en el momento de escribir la novela. Lo pensé de otro modo: como la historia es tan brutal, con la tortura y el asesinato salvaje de ese pobre muchacho, yo busqué una forma de atenuar el horror pero manteniendo la verosimilitud. Yo siempre intento que las historias que cuento sean creídas, que el lector entre, se enganche y participe dentro del juego. Ésa sería mi manera de definir la verosimilitud. Utilicé deliberadamente el humor: la relación entre el teniente Silva y el sargento Lituma, por ejemplo, es muy cómica y genera un lenguaje sabroso, pícaro, travieso y con una que otra grosería, que además refleja esa costumbre criolla de hablar con doble fondo, diciendo una cosa para sugerir otra distinta. Los dos hablan en un lenguaje popular y hacen muchas referencias al sexo. Y esos dos personajes viven una historia llena de humor que sirve de contrapeso a la truculencia de la trama principal, que es la de ese pobre muchacho asesinado y empalado en medio del desierto. Después de publicada la novela, varios críticos observaron que allí aparecía una actitud más esperanzada sobre la realidad peruana y sobre la condición humana.

6. *El pez en el agua*

El pez en el agua (1993) es la crónica de la campaña presidencial de 1990. Es también una autobiografía de la infancia y juventud del escritor, así como un ensayo sobre el buen gobierno que demuestra cómo la literatura y la política han sido las dos grandes pasiones de Mario Vargas Llosa.

RUBÉN GALLO: Cuando comienzas a escribir *El pez en el agua* en 1990, después de la campaña presidencial, llevabas más de treinta años escribiendo novelas. En ese momento haces una elección que debe haber sorprendido a tus lectores: en lugar de hacer una novela sobre tu experiencia política, eliges una forma literaria híbrida que incluye aspectos de la autobiografía, de la memoria, pero también del ensayo y de la crónica. ¿Cómo definirías este género? Sabemos que *El pez en el agua* no es una novela, pero entonces, ¿qué es?

MARIO VARGAS LLOSA: Quizá habría que comenzar por contar cómo escribí ese libro. La campaña duró tres años y durante ese periodo dediqué la mayor parte de mi tiempo a la política. Fue una experiencia muy profunda, muy importante pero también muy traumática, porque en esos momentos se vivía una violencia terrible ligada al terrorismo en el Perú. Había una guerra civil entre los terroristas y las fuerzas armadas, que también practicaban el terrorismo por su parte. Y me vi involucrado en algo que no tenía nada que ver con la política que yo conocía y que era un mundo intelectual poblado de ideas, de debates, de proyectos, y que consistía, por ejemplo, en debatir distintas estrategias para salir de la pobreza, para alcanzar la modernidad, para crear una sociedad moderna con oportunidades para todos. Hacer campaña política resultó ser algo completamente distinto. Viví esos tres años con gran intensidad pero también con gran confusión. Cuando terminé quise entender mejor lo que había vivido, quise verlo desde una perspectiva más amplia, y fue entonces cuando decidí escribir *El pez en el agua*.

Desde el primer momento supe que no sería una novela. Quería dar un testimonio que fuera lo más objetivo posible de lo que había sido mi experiencia política, así que comencé escribiendo una crónica de esos tres años de campaña. Cuando ya había avanzado algo en la escritura me di cuenta de que ese libro iba a dar un testimonio muy parcial y muy inexacto porque no soy un político —nunca pensé ser un político, ni dedicarme profesional o exclusivamente a la política, jamás—. Fui empujado por las circunstancias y aunque durante esos tres años me entregué de cuerpo y alma a lo que estaba haciendo, siempre supe que eso tendría un fin, que eso duraría un tiempo limitado, y que al final volvería a mi verdadera vocación, que es la literatura.

Me pareció que una crónica de campaña daría un testimonio muy inexacto, muy falso de lo que soy, porque nunca, ni siquiera en esos tres años, dejé de ser un escritor. Fue así como nació la idea de crear un contrapunto entre el testimonio político de la campaña y el nacimiento de mi vocación, que ocurrió cuando era yo muy niño, quizá con el descubrimiento de la lectura, que siempre he vivido como una experiencia maravillosa. Recuerdo lo que significó para mí aprender a leer a los cinco años y empezar a vivir a través de esas historias, de esas novelitas para niños, que fueron las primeras cosas que leí, y en las que descubrí experiencias que nunca hubiera podido vivir en la vida real. La intensidad con que viví esas lecturas me enriqueció extraordinariamente el horizonte vital.

Entonces pensé en hacer un contrapunto entre la campaña y los años de mi infancia en que descubrí la lectura y la literatura. Quise contar cómo poco a poco se dio una vocación literaria en un contexto que era muy poco estimulante intelectualmente. En el mundo de mi infancia había escritores pero ninguno de ellos era sólo escritor: eran políticos, abogados o profesores que dedicaban el tiempo libre que les quedaba a escribir. Escritor escritor, yo sólo conocía a uno, que era autor de radioteatro, o sea, una especie de caricatura del escritor. Quise contar todo esto para contrarrestar el testimonio político, y así fue como surgió *El pez en el agua*.

Yo nunca había pensado escribir una autobiografía: era algo que no me tentaba. Si alguna vez me pasó por la cabeza, pensé que lo dejaría para el final de mi vida, cuando ya tuviera todo más o menos cerrado. Y no lo habría hecho nunca si no hubiera vivido la experiencia tan traumática e inesperada de haber pasado tres años haciendo política sin haberlo querido realmente. Ese contrapunto que aparece en *El pez en el agua* es algo que se da mucho en mis novelas: dos historias, muy distintas entre sí, que poco a poco se van acercando hasta fundirse y convertirse en una sola.

RG: Es una estrategia literaria, de hecho muy típica de las novelas del siglo XIX: las dos tramas que se van alternando, y en cierto momento se cruzan.

MVLL: Se cruzan y se funden. Es importante señalar que al final se funden.

RG: Es algo que vemos desde *Conversación en La Catedral,* quizás, una de las primeras novelas tuyas en que aparece esta estructura de múltiples tramas que se van cruzando.

MVLL: En *El pez en el agua,* la parte que me resultaba más difícil e incluso desagradable —porque me hacía revivir una experiencia tan negativa— era el testimonio político. Eso me afectaba muchísimo emocionalmente porque me hacía revivir la enorme violencia en la que transcurrió todo el proceso electoral. En cambio sentía un alivio cuando contaba las historias de mi niñez y de mi adolescencia, que escribía con muchísima más facilidad y naturalidad que cuando hacía la crónica de la campaña.

PORRAS BARRENECHEA

RG: El historiador Raúl Porras Barrenechea aparece en tus memorias como un hombre inteligente, bondadoso, que te enseñó mucho sobre cómo se piensa la historia y la política.

MVLL: Porras Barrenechea fue el mejor profesor que he tenido en mi vida y el mejor expositor que he oído. Nunca más he encontrado a alguien que hable con la elocuencia y la elegancia que tenía él. Físicamente no imponía —era bajito, barrigón, tenía siempre su chaqueta condecorada por la caspa—, pero cuando hablaba, deslumbraba a su público. Sus alumnos lo adoraban. Había que llegar con mucha anticipación porque su clase se llenaba y había racimos humanos colgando hasta de las ventanas. Las clases de Porras Barrenechea eran realmente deslumbrantes: tenía un curso con un título que sonaba muy aburrido, «Fuentes históricas peruanas», que trataba de las fuentes y las bibliografías para estudiar la historia del Perú. La riqueza de su talento expositor convertía ese material en algo tan deslumbrante que llegué a pensar que quizá yo debería estudiar historia en vez de literatura. Porras era un extraordinario descriptor de épocas, de personajes, de situaciones.

Tuve la suerte de que a Porras le encargaron, ese año en que fui alumno suyo, una historia de la conquista del Perú, que era su gran especialidad. Ese libro debía contar la gran fractura en la historia peruana entre un imperio incaico que se estaba desmoronando a causa de luchas internas y el trauma de la llegada de los europeos. La editorial le pagaba dos asistentes, y como yo había sacado muy buena nota en su curso, me llamó a trabajar con él. Durante cinco años pasé todas las tardes, de lunes a viernes, trabajando en su casita de Miraflores. Esa experiencia fue más enriquecedora que todos los cursos que seguí en la universidad. Aprendí mucho de su manera de entender la historia, de su rigor extraordinario en la investigación. A fin de cuentas dejó una obra más bien pequeña para todo lo que sabía, quizá por ese rigor tan extremado, tan escrupuloso que tenía en la verificación de los datos. Era un hombre con una gran pasión por la lectura: leía mucho a los clásicos y de allí le venía esa elocuencia extraordinaria que tenía a la hora de exponer. Esa experiencia me despertó una afición por la historia que nunca he perdido. He leído mucha más literatura seguramente, pero la historia siempre me ha apasionado, como se ve claramente en las cosas que he escrito. Muchas de mis novelas tratan acontecimientos históricos o por lo menos hechos históricos. Son recreaciones literarias de determinados problemas o personajes históricos. Porras Barrenechea tuvo una gran influencia en mí.

RG: El caso de Porras Barrenechea demuestra que para ser un buen historiador es necesario ser también un buen narrador. El historiador no sólo debe conocer sus fuentes y consultar archivos: también tiene que saber contar historias. Sólo una buena narración logra hacer que los hechos históricos se animen.

MVLL: Es el caso de Michelet. Michelet fue un gran historiador pero también un gran escritor: era un extraordinario prosista y sus libros se leen como grandes obras literarias, lo que explica parte de su éxito. Algo parecido ocurre con Porras: es un gran placer leerlo por la elegancia de sus libros —una elegancia comparable a la que tenía cuando hablaba—. Creo que todos los grandes historiadores son también grandes prosistas.

RG: Hay muchos historiadores que hoy son leídos como escritores, como parte de la historia literaria. Pienso, por ejemplo, en William Prescott, autor de *Historia de la conquista de México* y de *Historia de la conquista del Perú.*

MVLL: Prescott, que nunca estuvo en el Perú y escribió desde Boston. Es un caso realmente extraordinario y al final escribió lo que sigue siendo la mejor historia de la conquista del Perú. Se lee como una novela, por lo maravillosamente bien escrito que está.

RG: Eso nos lleva a otro tema que has tratado en varios ensayos: la dificultad de marcar un límite claro entre la historia y la literatura. Son dos oficios distintos, dos géneros distintos, pero hay momentos en que se aproximan y se funden o confunden.

MVLL: Ése es un tema muy interesante y para mí resulta muy actual. Hace unos meses volví a una novela que había leído hacía cincuenta años: *La guerra y la paz* de Tolstoi, uno de los libros que más me marcaron de joven. Lo releí con un poquito de temor. Pero no sólo no me decepcionó, sino que me impresionó todavía más que en la primera lectura. Es un libro absolutamente deslumbrante, una de las más grandes novelas que se han escrito. Después de su publicación se dieron muchos debates sobre si era o no fiel a los hechos históricos, que en este caso son las guerras napoleónicas en Rusia. Para responder a sus críticos, Tolstoi escribe un ensayo fascinante sobre la relación de la literatura con la historia y dice lo siguiente: «*La guerra y la paz* es una novela, pero es absolutamente fiel a la historia, de la misma manera que puede serlo un libro de historia». ¿Por qué? Porque le parece que los historiadores falsean la realidad tanto como un novelista.

Para reforzar su argumento cita el caso de Thiers, un historiador francés, partidario de Napoleón, que también escribe sobre las guerras napoleónicas en Rusia. Como los historiadores necesitan héroes porque un libro de historia no existe sin héroes, se ven obligados a inventarlos, destacando de una manera excesiva las gestas, las hazañas de ciertos personajes a los que les dan unas dimensiones sobrehumanas. En pocas palabras, los historiadores fabrican héroes siguiendo los mismos procedimientos que el escritor usa para crear a sus personajes.

Tolstoi recuerda que lo han criticado por falta de fidelidad en la descripción de las batallas, sobre todo en la batalla de Borodino, y pregunta: «¿Pero quién es fiel? ¿Qué fidelidad puede tener un historiador al narrar una batalla? Yo tengo aquí sobre mi escritorio los testimonios de historiadores rusos y franceses sobre la batalla de Borodino y no hay dos que coincidan». ¿Por qué? Porque la historia se escribe desde una posición subjetiva: el historiador francés tratará de justificar las derrotas de Napoleón en Rusia, mientras que un historiador ruso se jactará, con mucho patriotismo, de las victorias del ejército zarista. Estos testimonios son tan subjetivos que parecen, más que historias, versiones noveladas de la historia. Tolstoi dice: «Yo he tratado de ser objetivo pero soy ruso, soy un patriota ruso y no siento ninguna vergüenza de decir que estoy orgullosísimo de que nosotros hayamos derrotado a Napoleón y lo hayamos obligado a huir de Rusia».

Tolstoi considera que entre la historia y la literatura no hay más diferencia que el título. Un libro de historia se presenta como una pura verdad, mientras que la novela acepta el hecho de que se trata de una visión, con un punto de vista específico. Tolstoi tiene razón al argumentar que un historiador reorganiza la realidad de la misma manera en que lo hace un novelista.

Uno de los libros que más me han impresionado es *Hacia la estación de Finlandia* de Edmund Wilson. Este ensayo delicioso se lee como se lee una novela apasionante, con la diferencia de que los personajes no son seres humanos sino ideas. Comienza contando una anécdota —lo hace con la misma maestría que un novelista— sobre Michelet. Un día ese gran historiador francés encontró en un libro una cita de Vico que le interesó tanto que aprendió italiano para leer a Vico en el original. Wilson concluye que así nació el socialismo. La idea socialista, la idea de que puede haber una sociedad de absoluta igualdad, de absoluta fraternidad, en la que la injusticia social haya sido erradicada, nace en ese encuentro totalmente providencial entre Michelet y Vico.

A partir de ese momento, Wilson va desarrollando a través de varios protagonistas los movimientos políticos que impulsaron el socialismo y sus distintas variantes —el anarquismo, el socialismo democrático, el socialismo comunista— y va contando las peripecias que les ocurren a los representantes de estas tendencias hasta el momento en que Lenin, que estaba exiliado en Suiza, cruza Europa y desembarca en la estación de Finlandia, en San Petersburgo, para comenzar la revolución. Es un libro que se refiere solamente a personajes y hechos reales, pero está narrado y organizado de una manera completamente novelesca, y uno lo lee con verdadero deslumbramiento. Es un libro que yo he leído como una gran novela, y sin embargo es un libro de historia. Lo mismo pasa con Michelet. *Historia de la Revolución francesa* de Michelet es un libro que se lee como ficción: aunque los personajes son históricos, la narración le da una forma novelesca.

RG: Aquí mismo, en Princeton, se ofrecen cursos en la Facultad de Historia en donde la bibliografía incluye novelas. Una novela puede dar claves para entender la historia y puede apelar a los sentimientos, algo que tiene prohibido el historiador. Pienso, por ejemplo, en el libro de Erich Maria Remarque, *Sin novedad en el frente,* que ofrece uno de los testimonios más directos sobre la Primera Guerra Mundial.

MVLL: Como también ocurre con *El fuego* de Barbusse, otra novela impresionante sobre la Primera Guerra Mundial.

RG: O con la Revolución mexicana, que es un periodo muy caótico, muy difícil de comprender. Los historiadores han publicado cientos de volúmenes tratando de entender esta guerra civil, pero en los cursos de historia en Princeton los profesores ponen en la lista de lecturas *Los de abajo,* de Mariano Azuela, una novela que presenta un testimonio muy vívido de la vida en esos años de guerra civil. Tenemos, entonces, historias que se leen como novelas, y novelas que se leen como historias.

MIGUEL CABALLERO: ¿Cuánto de ficción hay en *El pez en el agua*?

MVLL: La ficción que hay es involuntaria. No la descarto porque de todas maneras la organización de *El pez en el agua* hace que el libro sea una ficción: uno jamás vive una experiencia de esa manera tan clara, tan coherente. La vive de manera confusa, turbia, mezclada con todo tipo de acontecimientos. Segregar una experiencia para destacarla ya es una ficción. Pero a diferencia de una novela, en *El pez en el agua* hay un esfuerzo constante de verdad. Hay un gran esfuerzo para que el testimonio sea no solamente verosímil sino verdadero.

Cuando estaba escribiendo el libro, busqué mucho material de época que me ayudara a recordar y a identificar ciertas cosas. Después me entrevisté con muchos de los protagonistas, con los que tenía buena relación, y les hice leer ciertos pasajes para que me confirmaran o matizaran. Traté de acercarme lo más posible a la verdad, aunque en la literatura es imposible llegar a la verdad absoluta. Pero sí hice un gran esfuerzo para que el libro fuera verosímil, e incluso después de publicado he seguido haciendo correcciones —de fechas o lugares, por ejemplo— para que todo sea lo más exacto posible.

LA POLÍTICA: IDEAL Y REALIDAD

RG: Uno de los grandes ejes de *El pez en el agua* es la diferencia entre la política como ideal o como un conjunto de ideas, y la realidad de la vida política, sobre todo en un país latinoamericano. El epígrafe de *El pez en el agua*, tomado de *La política como vocación* de Max Weber, dice: «También los cristianos primitivos sabían muy exactamente que el mundo está regido por los demonios y que quien se mete en política, es decir, quien accede a utilizar como medios el poder y la violencia, ha sellado un pacto con el diablo, de tal modo que ya no es cierto que en su actividad lo bueno sólo produzca el bien y lo malo el mal, sino que frecuentemente sucede lo contrario. Quien no ve esto es un niño, políticamente hablando».

MVLL: Es una cita en la que me sentí muy retratado. En realidad es una idea que parte de Maquiavelo, y que ya aparece expresada en ese libro que provoca una gran revolución en su tiempo y que es *El Príncipe*. Hasta entonces todos los intelectuales, a pesar de sus diferencias, estaban de acuerdo en una idea: que la política era fundamentalmente un ideal que se ponía en práctica a través de la acción. Y Maquiavelo revoluciona completamente el mundo cristiano al desmentir este mito. Él recuerda que la política es una actividad terrenal, y por lo tanto, para ser exitosa, tiene que prescindir de los ideales, de los valores, para ejercerse como una técnica. Para ser político hay que ser práctico y hay que tener los pies sobre la tierra, y guiarse no necesariamente por principios cristianos sino por la eficacia. Y para ser eficaz en la política, todo vale. Maquiavelo propone un pragmatismo que puede convertirse en cinismo, que puede degenerar en una falta total de escrúpulos para alguien que quiere obtener el éxito a cualquier precio. Considerar la política de esa manera, separándola de los grandes ideales y de los grandes valores cristianos, fue una gran revolución y por eso *El Príncipe* fue condenado por la Iglesia y puesto en el Índice.

Lo que describe Maquiavelo es una experiencia que yo viví en carne propia. Cuando empecé la campaña yo tenía la ingenuidad todavía de creer que en la política primaban las ideas y los ideales. Lanzamos, por ejemplo, un movimiento —el Movimiento Libertad— en contra de la nacionalización de la banca que provocó una gran movilización popular y logró parar ese proyecto de ley. Fue muy estimulante pensar: «Bueno, si un movimiento popular logró derrotar una ley que un sector importante de la sociedad considera que es mala —porque va a socavar la democracia, a poner en manos del gobierno el control de la economía—, eso demuestra que sí vivimos en una democracia y que el cambio es posible».

Pero luego me di cuenta de que en una campaña las ideas tenían un papel muy secundario, que los valores eran pisoteados. Por ejemplo, yo había dicho: «Bueno, vamos a ser francos, vamos a decir la verdad, vamos a explicar exactamente las reformas que queremos hacer, y vamos a explicar el precio que tienen estas reformas para que la gente no se sienta engañada». Pensé que los gobiernos anteriores habían fracasado porque hacían promesas que nunca cumplían una vez que tomaban el poder. Nosotros, en cambio, no haríamos promesas incumplibles y diríamos la verdad. Pero claro, decir la verdad en política lo hace a uno inmensamente vulnerable, porque si el adversario no respeta esas reglas del juego, uno puede ser arrollado a través de campañas de desprestigio. Yo viví eso día a día: nos esforzábamos por decir la verdad, pero entonces nos refregaban una verdad deformada en la cara. Eso fue erosionando muchísimo una popularidad que tuvimos al principio y que luego fuimos perdiendo.

También influyó la violencia terrible que vivió el Perú en esos años: estábamos haciendo política mientras se asesinaba a la gente todos los días, a tal grado que al final nadie sabía quién mataba, si los terroristas o los militares. Fueron años de una violencia absoluta y espantosa, y al final eso desnaturalizaba lo que uno podía decir. Por otra parte, yo cuidaba mucho el lenguaje —algo precioso para un escritor—, y trataba de buscar la mejor manera de decir las cosas. Pero en política eso es imposible: hay que pronunciar seis discursos al día y uno termina repitiendo lugares comunes que son una pura retórica desprovista de contenido, un lenguaje muerto que no expresa ideas ni vivencias. Eso a mí me angustiaba mucho porque sentía que estaba traicionando mi propia vocación. Pero no había otra manera de hacerlo. Recuerdo que los asesores me decían: «No uses palabras tan complicadas: no entienden. Busca palabras elementales». Y si uno busca lo elemental para llegar al mayor número, termina diciendo cosas puramente retóricas y de una gran superficialidad.

RG: En *El pez en el agua* hay un personaje menor pero no por eso menos fascinante: el consultor político americano que hace el oficio de traductor cultural. Él traduce la realidad política y la explica usando conceptos abstractos, pero también puede hacer lo contrario: partir de una idea o de un concepto para después implementarlos en la realidad.

MVLL: El consultor era un profesional de la política y lo interesante de quienes ejercen esta profesión es que no tienen ninguna posición: no son de izquierda o de derecha, ni liberales ni populistas, sino que simplemente trabajan para quienes los contratan. Parten de la suposición de que la política —como la arquitectura o la ingeniería— es una técnica y el candidato que la practique mejor será el que gane las elecciones. Desde un punto de vista, el oficio del consultor político es completamente amoral.

RG: En todos los países hay una diferencia entre la política como ideal y la política como práctica cotidiana, pero parecería que este abismo es aún mayor en los países de América Latina, en donde la pobreza y los problemas de desarrollo hacen que nuestra cotidianidad política sea más sucia que en Europa o en Estados Unidos.

MVLL: Hay una gran distancia entre la legalidad y la realidad. Recuerdo que cuando estaba inmerso en la actividad política descubrí cuál era el país que tenía más constituciones en el mundo, y eso es algo fascinante. Se trata de Haití, que desde un punto de vista puede considerarse como el país más legalista de la tierra. Pero es también uno de los países en donde más se han violado todas las constituciones habidas y por haber a lo largo de su historia.

RG: Aunque toda sociedad necesita un conjunto de leyes, parecería que en América Latina hemos fracasado no tanto por falta de leyes sino por un exceso de ellas. ¿Qué podemos concluir de una experiencia como la de Haití? Porque tenemos que seguir creando leyes.

MVLL: La manera de mejorar la política es llevando a la gente decente —a la gente más preparada, a la gente más culta— a hacer política. Desgraciadamente no siempre ocurre así, porque hoy día resulta muy difícil que los grandes talentos hagan política y casi siempre se dedican a otras actividades. Para una persona honrada, la política es una actividad muy mal pagada: se gana poco y hay siempre el riesgo de juicios que pueden venir después. Hay gente honrada, muy capaz y muy preparada que prefiere no hacer política por estas razones. Pero eso es terrible para un país porque si solamente los mediocres hacen política, los resultados serán también mediocres. Uno debe criticar el estado de la política actual, pero hacerlo con la intención de mejorarla, que es una posibilidad real.

La política no es perfecta en ninguna parte, pero sí hay países donde es más decente, más honesta, más honrada que en otros. Lo ideal sería inducir a los jóvenes talentosos a que hagan política y así demostrar que puede ser una actividad creativa, que cree condiciones más humanas y más decentes para la población, sobre todo en países como los nuestros, tan profundamente atrasados. Por eso la crítica debe hacerse desde la perspectiva de que la política no tiene necesariamente que ser corrompida, sucia, y que puede ser algo muchísimo mejor.

Hay un caso extraordinario, que vale la pena mencionar. Se habla mucho de los políticos corruptos —y con razón— pero también hay casos de políticos que han demostrado una gran integridad. Está el ejemplo de Nelson Mandela, una historia extraordinaria. Mandela era un abogado sudafricano que creía en el terrorismo y aseguraba que la única manera de liberar a la población negra en Sudáfrica —el ochenta por ciento de la población— era a través de la violencia contra los líderes blancos. Practicó el terrorismo y fue a dar a la cárcel, en una isla, en donde pasó muchos años lejos de todo. Allí reflexionó, reconoció que se había equivocado, y concluyó que para construir un país mejor tenía que abandonar el terrorismo y renunciar a la idea de expulsar a la comunidad blanca de Sudáfrica, porque ambos pueblos deberían coexistir en el futuro. Pero lo más difícil fue convencer a sus propios compañeros, a su propio partido, de la necesidad de cambiar de ideas. Así que desde esa islita él pasa casi treinta años defendiendo exactamente lo opuesto de lo que había pensado cuando empezó a hacer política, y lo que es extraordinario es que lo consiguió: persuadió a su propio partido de que había que incluir a los blancos y convenció también a los blancos de que podían quedarse y coexistir con la población negra. Ese caso demuestra que la política también puede hacerse con altruismo, con sensibilidad social. Mandela no usó la política para enriquecerse ni para aferrarse al poder; la usó para producir un cambio radical que mejoró esa sociedad tan compleja y tan enconada como era la sudafricana. Fue un gran político que además nació en el tercer mundo. Nos dio un gran ejemplo de lo que debe ser la política.

RG: ¿Lo conociste?

MVLL: No. Pero sí estuve en Robben Island, la islita en donde purgó su condena. Vi el calabozo y me impresionó mucho que un hombre haya resistido tanto tiempo en ese aislamiento tan atroz, tantos años sin ver a nadie.

RG: ¿Tuviste correspondencia con él?

MVLL: No, correspondencia no, pero leí muchos de sus escritos.

LAS IDEOLOGÍAS

ERIN LYNCH: Hemos hablado mucho sobre el papel de las ideas en la vida política. ¿Qué podríamos decir sobre la relación entre la política y las ideologías? ¿Entre la figura del intelectual y las ideologías?

MVLL: Las ideologías son religiones laicas, como dijo Raymond Aron. Exigen un acto de fe y no apelan a la razón. Popper tiene una tesis interesante: todo lo que no puede refutarse es una ideología. Él considera que el marxismo y el psicoanálisis lo son, porque no pueden ser refutados, ya que están cerrados sobre sí mismos y requieren un acto de fe. La teoría, por ejemplo, de que la lucha de clases es lo que mueve la historia en cierta dirección es imposible de refutar: se puede creer o no creer en el marxismo, y por eso Popper lo presenta como un acto de fe. Así funcionan todas las ideologías, como religiones laicas. La democracia, por el contrario, es lo opuesto, porque parte de la suposición de que la realidad no es perfecta sino sólo mejorable. Y como la democracia permite vivir en la diversidad, eso termina por reducir la violencia: personas de distintas ideas, religiones y orientaciones se ponen de acuerdo para no matarse entre ellas y aceptan participar en un proceso muy civilizado que consiste en depositar un voto para

194

decidir quién va a gobernar, a condición de que el ganador deje existir a los perdedores como un contrapeso, como fiscalizadores de lo que hace. Es un sistema muy humano. Popper opina que la democracia es incompatible con la ideología, porque ésta, al igual que la religión, sólo admite verdades absolutas. El fascismo, el nazismo y el comunismo operan de la misma manera: hay una verdad absoluta, que le da derecho a quien la tiene de imponerla aunque sea a través de la violencia, de la inquisición o de los campos de exterminio. La democracia es un sistema imperfecto, pero es el más humano porque permite la pluralidad dentro de un marco de tolerancia.

LA TEMPORALIDAD DE LA VIDA POLÍTICA

RG: Hay una gran diferencia entre la temporalidad de la vida intelectual, tal y como la vivimos en un lugar como Princeton, o como la vive un novelista, y el tiempo de la vida política, en donde todo ocurre muy rápido y se buscan resultados casi instantáneos. Lo que hacemos nosotros en la Universidad es un gran lujo: podemos pasar tres horas hablando de ideas, de libros, mientras el resto del mundo vive al ritmo de Facebook, y de Twitter, en donde no se puede mantener la atención de los lectores-usuarios más allá de algunos segundos. En la actualidad, el mundo de la política —como vimos con la elección de Donald Trump— se rige también por la temporalidad de internet y de estas redes sociales: es difícil mantener la atención del público más de unos segundos.

MVLL: En la política las ideas son reemplazadas por eslóganes y el contenido se devalúa. Esto es lo más terrible que puede presenciar un intelectual. Pero no podemos concluir que hacer política no es recomendable para un intelectual porque eso sería una conclusión absurda. Si la sociedad está mal hecha, hay que hacer política para mejorarla en la medida de lo posible. Hay que tratar de hacer política para que la política sea mejor de lo que es. También hay que recordar que en algunas partes del mundo la política es menos corrompida, menos repugnante, menos superficial, menos frívola que en otros lugares. Hay que trabajar para mejorar la experiencia de la vida política en nuestros países.

RG: En el libro hablas mucho del espacio de concentración que necesita un escritor. Para escribir hay que aislarse del mundo y poder pasar horas pensando, haciendo trazos sobre el papel. La escritura no puede hacerse de manera instantánea: es un proceso lento que implica corregir y pulir antes de darlo a la imprenta. En varios pasajes cuentas con mucho dolor cómo durante la campaña perdiste ese espacio de concentración, porque no es compatible con el tiempo de la política.

MVLL: Fue un cambio de vida radical. Un escritor se aísla, crea en soledad, enfrentándose a sí mismo y a sus fantasmas. La vida política es todo lo contrario: implica vivir en una trama en la que la soledad desaparece totalmente. Me angustiaba muchísimo no tener tiempo, ya no digo para escribir, ni siquiera para leer, para esa actividad que siempre ha sido para mí tan importante y enriquecedora. Eso me angustiaba mucho, así que me levantaba muy temprano para leer. Y como no podía leer obras muy extensas porque se rompía la continuidad, leía sobre todo poemas.

Leí mucho a Góngora, que paradójicamente fue uno de los escritores que menos tenían que ver con la realidad. En su poesía aparece un mundo de una belleza extraordinaria, creado a través del lenguaje, que es lo opuesto de ese mundo de eslóganes, de violencia y de promiscuidad que uno vive en la política. Esa media horita de lectura o relectura de Góngora era como un respiro que me ayudaba a resistir esa asfixia que sentía el resto del día.

Terminé por descubrir que yo era la negación de lo que debe ser un político: un político debe tener una gran pasión por la política y yo no la tenía porque mi gran amor siempre ha sido la literatura. Ésa fue una de las razones importantes de mi fracaso como político.

EL INTELECTUAL COMO POLÍTICO

DIEGO NEGRÓN-REICHARD: Quisiera preguntarle sobre el papel que puede tener un intelectual en el ámbito político. En *El pez en el agua* usted habla de ciertos colaboradores que, a pesar de ser intelectuales, lo traicionaron y terminaron por debilitar la democracia. ¿Qué papel juega el intelectual en el proceso democrático?

MVLL: La pregunta, ampliándola, sería: ¿qué papel tienen las ideas en la vida política? El intelectual es un hombre de ideas, un hombre que actúa guiado por ciertas ideas. Es una pregunta compleja porque la historia presenta casos de sociedades cultas que de pronto parecen actuar por instinto, movidas por pasiones que arrollan el pensamiento. Un ejemplo: Hitler y Mussolini, los dos grandes dictadores europeos del siglo XX, no aparecen en pueblos primitivos, sino en sociedades muy cultas —Alemania era probablemente el país más culto de Europa cuando Hitler gana las elecciones—. Es verdad que sólo las gana con poco más del treinta por ciento, pero las gana: hay por lo menos una tercera parte de la población que se traga las monstruosidades que Hitler propone. Mussolini también gana las elecciones. Estos dos dictadores no llegan al poder a través de golpes de Estado, sino como el resultado de procesos democráticos que luego les permiten aniquilar la democracia. Hay sectores en esos países cultos que no actúan de manera responsable o racional, sino impulsados por instintos primitivos a los que apelan esos extraordinarios demagogos que son Hitler y Mussolini.

Entonces debemos preguntarnos: si en un país tan culto como Alemania un Hitler puede ganar las elecciones ¿qué podemos esperar de los países del tercer mundo, donde hay una incultura muy grande y donde son las pasiones y no las ideas las que prevalecen en la vida cotidiana? En estos países las ideas mueven sólo a una pequeñísima minoría de la población.

Karl Popper, el gran filósofo liberal, que padeció además el nazismo en carne propia —venía de una familia judía y aunque estaba totalmente integrado a la sociedad austríaca tuvo que huir de Viena cuando surge el nazismo—, escribe un gran libro de filosofía política sobre la cultura democrática moderna: *La sociedad abierta y sus enemigos*. Su argumento, a grandes rasgos, es el siguiente: es verdad que hay ocasiones en que los países cultos y los países racionales actúan de manera irracional, pero detrás de esa irracionalidad hay siempre ideas, aunque se trate de ideas equivocadas. Considerar a los judíos como una raza inferior es una idea estúpida, es una idea equivocada, pero es una idea, no una pasión ni un sentimiento. Ésa es una idea monstruosa, pero es esa idea la que logra movilizar a la sociedad en una dirección equivocada. El problema no es la falta de ideas o el rechazo del pensamiento, sino el hecho de que hay ideas equivocadas e ideas absolutamente monstruosas. La inferioridad de la mujer, por ejemplo, que está inscrita en la cultura de ciertos países musulmanes, es una idea monstruosa, pero es una idea. Las ideas sí juegan un papel importante en la vida política y por eso resulta tan importante que las buenas ideas, aquellas que permiten la convivencia en la diversidad, que generan justicia e igualdad, que promueven los principios democráticos, prevalezcan sobre las malas, sobre las que provocan tensiones, fomentan divisiones y crean encono en el seno de una sociedad. Esa tesis de Popper me sigue pareciendo muy válida: las ideas siempre juegan un papel, sean buenas, malas o monstruosas.

ARÓN VILLARREAL: ¿Puede ayudarnos la tesis de Popper a entender por qué Donald Trump llegó a la presidencia? ¿Qué ideas llevaron a su ascenso?

MVLL: Principalmente la idea xenófoba, la idea de que el extranjero es malo y lo nacional es bueno, y que extrapolándola establece la diferencia entre razas superiores y razas inferiores. Se trata de una idea errónea

—la historia lo ha demostrado mil veces— que ha provocado siniestras conflagraciones sociales. Cuando declara que todos los mexicanos en Estados Unidos son cuatreros y violadores, está argumentando que la comunidad mexicana está condenada, por alguna razón que no sabemos si es genética o divina, a ser una raza peligrosísima para la civilización. Además, sus tesis contra la inmigración han sido desmentidas con estudios serios sobre los cambios demográficos. Si hay un país en el mundo que se ha beneficiado de la inmigración, es Estados Unidos, una nación hecha por inmigrantes y que lleva la inmigración en los genes de su cultura. Su grandeza se debe en gran parte a esa política de fronteras abiertas que tuvo en el siglo XIX y que le permitió atraer al mundo entero. Todos los sociólogos, los economistas, se cansan de demostrar que si los países más industrializados quieren mantener sus altísimos niveles de vida, necesitan inmigración. Es absolutamente indispensable para países como Estados Unidos, como Inglaterra, como Francia, tener inmigrantes que mantengan esa maquinaria que genera riqueza y estabilidad.

Pero al señor Trump no le interesa nada de eso porque él apela a los instintos, y a lo irracional: la desconfianza, el miedo a las personas de otras razas. Estas ideas han provocado tales catástrofes en el mundo que parece inconcebible que en nuestros días todavía haya alguien que las difunda y que consiga una gran popularidad apelando al resentimiento y al encono, que es lo que han hecho siempre los grandes demagogos: apelar no a la inteligencia sino a los miedos y a los prejuicios profundos que tenemos todos. El resultado de su elección puede ser catastrófico para el mundo entero.

EL: Hemos hablado mucho del papel del intelectual como comentador o analista de la vida política. Pero en América Latina hay una larga tradición de escritores e intelectuales —a la que pertenece usted— que hicieron campaña política y en algunos casos llegaron a ocupar puestos muy importantes en el gobierno: fueron embajadores, ministros o incluso presidentes. ¿Qué podemos concluir de estas experiencias? ¿Los intelectuales han sido mejores o peores gobernantes?

MVLL: Václav Havel es un ejemplo interesante, que además ocurrió en Europa. Havel fue un autor de teatro, un artista, un creador, muy implicado en la vida política y en la oposición al régimen socialista, que también fue a dar a la cárcel. Él jugó un papel muy importante en su país y enriqueció la vida cívica porque demostró que la política puede ser un acto creativo, nutrido de ideas. Havel nunca renunció a la creación —siguió publicando hasta su muerte—, y al mismo tiempo hizo muchísimo por ampliar los derechos, las libertades y las instituciones democráticas en su país. Una figura como él nos hace ver la política como una práctica decente y generosa.

Fue un hombre de ideas y eso no le impidió ser muy práctico a la hora de gobernar: supo acercarse a la gente, hacerlos confiar en el gobierno, y eso le dio una gran solidez y también un prestigio internacional a su país. Havel no fue el único: hay otros casos de intelectuales que han sido exitosos políticamente. Pensemos en Churchill, por ejemplo. Churchill era un hombre de ideas, un gran escritor —no sé si para que le dieran el Premio Nobel de Literatura, que fue un poco exagerado—, autor de libros de historia, y al mismo tiempo fue un gobernante extraordinario que resistió la invasión hitleriana y dio un espíritu a la resistencia británica. Fue un gran político y al mismo tiempo un intelectual que vivía en un mundo de cultura. Me pregunto cómo habrá hecho para leer todo lo que leyó mientras gobernaba: es admirable. Hay muchos otros casos que demuestran que un intelectual puede ser también un político eficiente.

LA CAMPAÑA

DIEGO VIVES: ¿Qué cree que le faltó para haber llegado a la presidencia del Perú? ¿Sentido práctico? ¿La capacidad de comunicar con la gente? ¿La dosis de cinismo que tiene todo político?

MVLL: Hay algo en lo que me equivoqué. Queríamos hacer una serie de reformas liberales y como necesitábamos una base amplia de apoyo, pensé que la única manera de conseguirlo era haciendo una alianza con dos partidos: Acción Popular, que había sido el partido de Belaúnde Terry, y la Democracia Cristiana. Esta alianza fue un error, porque esos partidos eran solamente cúpulas y no tenían una base popular que los sustentara. Eso lo fui descubriendo en la campaña: tenían directivas pero les faltaba apoyo popular. Eran partidos que existían durante las elecciones y luego se dispersaban. El único verdadero partido que existió en el Perú es el APRA, que sí tiene una gran organización que le ha permitido resistir a las represiones y a las dictaduras. Así que terminé asociado con dos partidos muy desprestigiados y huérfanos de apoyo popular.

Fue por eso que Alan García me acusó de estar asociado con la vieja tradición que representaba las malas costumbres de la política, y presentó a Fujimori como un candidato nuevo que tenía ideas frescas y que era capaz de movilizar a la población. Yo tuve una idea muy concreta de cómo reformar al país, pero lamentablemente mi candidatura se desgastó a raíz de la alianza con esos dos partidos, y a fin de cuentas fueron Fujimori y Alan García los que implementaron muchas de las reformas liberales que proponía mi campaña. La gente estaba harta de los viejos políticos y querían algo nuevo, y ese anhelo de novedad se encarnó en Fujimori.

RG: ¿Qué habría ocurrido contigo y con el Perú si hubieras llegado a la presidencia?

MVLL: Lo único que es seguro es que durante cinco años no habría escrito novelas. Habría escrito muchos discursos y seguramente mis lecturas también habrían sido muy pobres: más que literatura me habría tocado leer informes y muchos reportes. Imaginarse la historia que no fue es un ejercicio interesante pero totalmente gratuito.

JORGE SILVA: En *El pez en el agua* usted cuenta cómo el APRA lanzó una campaña de desprestigio, presentándolo como un miembro de una élite blanca, alejada de la problemática racial y social del Perú. ¿Cree usted que la política en el Perú pueda pensarse como una práctica que trasciende los problemas raciales y de clase social?

MVLL: Creo que la política no puede disociarse completamente de la problemática racial, y menos durante un periodo de elecciones, cuando se usan las peores armas. Una manera de desprestigiar a un candidato es vinculándolo con las clases dirigentes, con los ricos, con los llamados explotadores. Durante mi campaña mis adversarios utilizaron esa arma muy, pero muy bien. Yo la he descrito como una guerra sucia, que se hace guardando ciertas formas, y es en esas formas donde se juega el fracaso o el éxito de una campaña. En un país primitivo la guerra sucia se muestra casi al desnudo, mientras que en países más civilizados se hace de manera más discreta y disimulada. Alguien que ha hecho toda su carrera en la política está acostumbrado a los golpes bajos pero yo, que era un novato total, nunca había experimentado algo así y fue traumático. Podría pasar horas y horas combatiendo las increíbles operaciones de desprestigio que montaba Alan García —que es un genio en eso—, preparando comunicados y desmentidos, pero a fin de cuentas el daño ya estaba hecho. Me acusaron, por ejemplo, de evasión de impuestos. Nosotros teníamos toda una oficina de abogados dedicada exclusivamente a demostrar que esas acusaciones eran falsas. Y era un trabajo de tiempo completo porque un día aparecía una acusación, al día siguiente salía otra, y así sucesivamente. Algunas eran totalmente disparatadas pero había que responder a cada una, y había un procedimiento para hacerlo, así que teníamos abogados que no hacían otra cosa que responder a esas calumnias. Había un periódico que servía de tribuna para publicar estas acusaciones contra mí y lo hacía a diario, durante los tres años que duró la campaña. Era algo enloquecedor.

Recuerdo, por ejemplo, una noche que salía de casa y vi de pronto, en una pantalla de televisión, una foto con mi cara y la voz de un locutor muy serio que decía: «Amas de casa, si tienen niños pequeños, que se aparten de la televisión porque van a oír ustedes cosas escandalosas, horripilantes, de una mente degenerada, perversa». Me quedé a ver cuáles eran esas perversiones y para mi sorpresa el locutor leyó un fragmento de mi novela *Elogio de la madrastra,* y después varios sociólogos y psiquiatras opinaban y se preguntaban: «¿Qué clase de mente puede estar detrás de alguien que escribe estas cosas?», y otro añadía: «Claro, es un degenerado, es el típico degenerado nato». Y eso lo hacían día tras día y creo que al final terminaron leyendo toda mi novela en la televisión. ¿Cómo se puede responder a este tipo de ataque? Fue una campaña perfecta y demoledora, que funcionó como ellos esperaban que funcionara. Cuando empezó la campaña las encuestas de opinión me colocaban en el primer lugar, pero poco a poco la campaña de desprestigio fue erosionando mi posición. Un día anunciaron, de la nada: «El primer día de gobierno de Vargas Llosa despedirá a quinientos mil empleados públicos». Yo nunca dije algo parecido ni tenía idea de dónde habían sacado esas cifras, pero la gente se lo creía y a mí me preguntaban por la calle: «¿Pero por qué va usted a despedir a medio millón de personas el primer día de gobierno?».

Se trata de un tipo de práctica política en la que los escrúpulos desaparecen totalmente y yo no estaba preparado para eso. No tenía la piel de elefante que hay que tener para resistir ese tipo de campaña en la que responder con la verdad no sirve de nada porque de lo que se trata es de ver quién mata primero al adversario valiéndose de cualquier calumnia. Nunca me imaginé que una campaña electoral podía llegar a extremos de ese tipo. Pero es la realidad y la política se hace así, sobre todo en países donde no hay una tradición democrática ni instituciones fuertes y donde la opinión acepta esas tácticas. De hecho, muchas de esas malas jugadas funcionan porque divierten a la gente.

LA POLÍTICA HOY

MARLIS HINCKLEY: Pensaríamos que en los últimos años la política se ha vuelto más sucia. El tipo de candidatos que se presentaron durante las elecciones de 2016 en los Estados Unidos habría sido impensable hace diez o veinte años. Usted asegura que hay que ser optimistas y recordar que la política siempre puede mejorarse, pero ¿no le parece que la realidad nos demuestra lo contrario?

MVLL: Concentrémonos en América Latina. Si comparamos la América Latina de hoy con la de hace veinte años hay una mejora indiscutible en el ámbito político. Cuando yo era joven, América Latina estaba dominada por dictadores; hoy tenemos gobiernos democráticos en casi todos los países del continente. En los años cincuenta, cuando yo empecé a escribir, los países que no estaban gobernados por un dictador se contaban con los dedos de una mano: Costa Rica, Chile, Uruguay y no más. El resto eran dictaduras, algunas blandas, algunas duras, algunas brutales, pero dictaduras a fin de cuentas.

Hoy tenemos democracias —muy imperfectas, es cierto, y algunas corrompidas—, y las únicas dictaduras que quedan son Cuba y Venezuela. Hemos sabido desarrollar una cierta institucionalidad, una cierta legalidad y eso es un gran progreso. Otro gran avance es el consenso social a favor de la democracia. Cuando yo era joven, la mayoría creía o en la mano dura o en la revolución, y sólo una minoría muy pequeña defendía la democracia. Hoy en día la mayoría de los latinoamericanos apoyan la democracia y rechazan cualquier tipo de violencia, sea de derecha o de izquierda. Y aunque la justicia social todavía es muy discutible, hay una prosperidad que no existía antes.

Estos cambios han ocurrido no sólo en América Latina. El sureste asiático era muy pobre hace veinte, treinta años, y ahora esa región goza de una prosperidad extraordinaria. Muchos de estos países fueron dictaduras que se han transformado en democracias muy ricas. Eso demuestra que sí se puede progresar: no es algo que esté perdido irremisiblemente. Por eso hay que actuar con un cierto optimismo, pensando sobre todo que es posible cambiar para mejor.

Otro ejemplo es el caso de España, que yo viví desde dentro. Cuando llegué a Madrid como estudiante, había una dictadura y era un país pobre, aislado del mundo y prácticamente subdesarrollado. En pocas décadas he visto la transformación extraordinaria de España en una democracia moderna, funcional, integrada a Europa, abierta al mundo. Desde el punto de vista económico, España también ha tenido un desarrollo muy notable. Es un caso evidente de progreso en todos los sentidos, aunque aún queden problemas por resolver.

VICTORIA NAVARRO: *El pez en el agua* describe los efectos del terrorismo en el Perú pero no explica cómo ni bajo qué condiciones surge este fenómeno. Se trata de un tema de mucha actualidad: todos los días hay adolescentes tratando de entrar a Estados Unidos o a Europa para poner bombas o realizar otros actos de violencia. ¿Cuál es la raíz del terrorismo?

MVLL: Es una muy buena pregunta, aunque muy compleja. Georges Bataille, un ensayista francés que yo admiro mucho, describió al ser humano como una jaula que encierra ángeles y demonios. Hay ciertos periodos en que los ángeles prevalecen sobre los demonios, pero hay otros en que los demonios dominan a los ángeles. Los animales no son así —ellos se comportan más o menos de la misma manera siempre—, pero los seres humanos tienen esa facultad de cambiar, de poder ser muy distintos. Hay periodos en que las ideologías que predican la violencia extrema ejercen una enorme atracción y pueden culminar con la negación de la racionalidad. En España, por ejemplo, todos los días aparecen muchachas que quieren irse a ser las mujeres de los guerrilleros del Estado Islámico. Parecería que enloquecieron: ¿no saben lo que significa ser mujer en el Estado Islámico? ¿No recuerdan lo que hicieron los talibanes con las mujeres cuando tomaron el poder en Afganistán? A las mujeres se les echó de los colegios y las universidades, se les prohibió ejercer cualquier tipo de profesión: se convirtieron en esclavas de los padres y de los maridos, pasaron a formar harenes. ¿Y eso es lo que quieren las jovencitas españolas que se van a Siria? Lo terrible es que sí: eso es exactamente lo que quieren esas muchachas. Ahora, ¿cuál es el mecanismo que lleva a esas jóvenes formadas en una sociedad moderna y occidental a anhelar algo que nos parece irracional? No hay una explicación clara: sienten una gran desesperación ante las condiciones de vida en las que se encuentran, se sienten tan absolutamente frustradas de la vida que llevan en los barrios marginales de las ciudades europeas que llegan a creer que esa absoluta perfección religiosa puede sacarlas de la condición en la que viven. No tienen suficiente perspectiva para ver la barbaridad que están haciendo y el horror que sería su vida cuando ingresen al Estado Islámico.

Incluso la gente más inteligente en política renuncia, a veces, a la inteligencia, para ponerse al servicio de sus instintos, de sus bajas pasiones, y eso explica el éxito que tienen los dictadores. Otro fenómeno aparentemente irracional en la política es que muchos dictadores son inmensamente populares, como fue el caso de Trujillo, que es uno de los casos que mejor conozco. La noche en que asesinaron a Trujillo, si la población hubiera pescado a los conspiradores, los habría destrozado en las calles a pedazos. Y el cadáver del dictador fue velado por millares, cientos de millares de familias que lloraban durante muchos días.

Ninguna sociedad llega a estar totalmente vacunada contra el riesgo de estos excesos: hay algunas que han avanzado mucho y están mucho mejor preparadas para defenderse, pero todas viven con ese pequeño riesgo. Tenemos que ser conscientes de que las libertades, la legalidad, incluso en los países más avanzados son siempre precarias y dependen enteramente de nosotros para que no se desplomen en un momento de crisis.

RG: ¿Has pensado en escribir una segunda parte de *El pez en el agua* que cuente lo que ha pasado en tu vida desde aquellos años?

MVLL: Sí: no he descartado escribir una segunda parte, porque me parece que el libro ha quedado cojo. Cuenta dos experiencias, una de infancia y la otra de madurez, pero ha quedado muchísimo afuera. No la descarto, pero hasta ahora no he tenido la convicción suficiente como para ponerme a trabajar. Siempre han surgido otras cosas, otros proyectos que interfieren. Pero no la descarto, porque ha quedado como algo incompleto.

7. *La Fiesta del Chivo*

La Fiesta del Chivo *(2000) es, como* Conversación en La Catedral, *una novela sobre las múltiples maneras en que una dictadura corrompe a una sociedad. En este caso se trata de la República Dominicana bajo el régimen de Trujillo y los crímenes de ese periodo son contados por un personaje femenino, Urania Cabral, que ha rehecho su vida en Nueva York.*

RUBÉN GALLO: *La Fiesta del Chivo* es un libro excéntrico dentro de tu obra, Mario: hasta el año 2000, tus novelas y ensayos estaban dedicados exclusivamente al Perú, con la excepción de *La guerra del fin del mundo,* que trata sobre un episodio de la historia brasileña. El territorio en que te habías movido era fundamentalmente el Perú y América del Sur. ¿Cómo decides escribir una novela sobre la República Dominicana, sobre un país pequeñito, una isla que es marginal incluso en el contexto de América Latina?

MARIO VARGAS LLOSA: Decidí escribir esa novela después de un viaje a la República Dominicana que hice en el año 1974 o 1975, para reunir material para un documental. La Radio Televisión Francesa me contrató para escribir un guión y hacer las entrevistas que aparecerían en un programa financiado, en parte, por la Gulf and Western, una compañía que cultivaba la caña de azúcar, que es la materia prima del ron y también una de las principales fuentes de ingresos de la República Dominicana. Pasé casi un mes en la isla, entrevistando a mucha gente. Y me marcó mucho lo que escuché sobre Trujillo, que ya había muerto hacía más de una década. La gente había perdido el miedo y hablaba con mucha libertad sobre la dictadura, que yo había conocido, de oídas, cuando era estudiante. En los años cincuenta América Latina estaba llena de dictadores de un extremo al otro, pero quizá el más pintoresco, por su histrionismo —y uno de los más crueles—, había sido Trujillo.

A pesar de que había padecido a Odría en mi país y de que conocía las historias de otras dictaduras, me quedé maravillado con lo que oía. Una de las historias que más me impresionaron, y que escuché varias veces y también leí, fue que cuando Trujillo hacía sus giras por el país, los campesinos y la gente humilde, que sabían que al Jefe le gustaban mucho las mujeres, le regalaban a sus hijas. ¿Sería posible? Parecía una de esas típicas fantasías latinoamericanas. ¿Cómo que los padres regalaban a sus niñas? Y un día, durante ese viaje, conocí a un hombre que había sido ayudante militar, miembro del cuerpo especial del ejército dominicano que se ocupaba de proteger a Trujillo y que estaba formado exclusivamente por oficiales seleccionados, todos de absoluta confianza y muy cercanos al propio dictador.

Ese señor, que se llamaba Khalil Haché, seguía cultivando la memoria del Jefe, reunía en su casa a antiguos trujillistas y coleccionaba objetos relacionados con Trujillo. Yo fui a verlo y le pregunté: «¿Es verdad que los campesinos le regalaban sus hijas a Trujillo?». Y él me respondió: «Sí, le regalaban niñas y era un problema para el Jefe, porque él no quería desairar a los campesinos». Me contó que Trujillo no sabía qué hacer con todas esas jovencitas: a algunas las casaba con soldados pero quedaban muchas otras. Volví a preguntarle si era cierto que eran los mismos padres los que regalaban a sus hijas y me respondió que sí, que así era. Yo me quedé absolutamente maravillado y espantado de que eso fuera posible.

Conocí también a Mario Tolentino, un médico que estaba casado con Marianne de Tolentino, una crítica de arte que escribía para el *Listín Diario,* el principal periódico de Santo Domingo. Conversando con él, me contó una historia que me impresionó mucho. Me dijo: «Yo era un chiquillo y un día estaba sentado en la puerta de mi casa cuando de pronto vi parar en la acera de enfrente un auto muy elegante, del que bajó el Jefe, el generalísimo Trujillo en persona». El Jefe era una figura mítica para los dominicanos, y el niño se quedó boquiabierto viendo cómo Trujillo bajaba solo de ese auto y entraba a la casa del vecino, donde vivía el ministro de Justicia.

«A la hora del almuerzo —me contó el doctor Tolentino— yo muy ingenuamente les dije a mis padres: "Esta mañana he visto al Jefe, he visto a Trujillo parar y meterse a la casa del ministro". Yo vi que mi padre se ponía blanco del terror, y me dijo: "Tú no has visto esto. Estás mintiendo. ¡Sácate de la cabeza inmediatamente esta idea! Nunca vuelvas a repetirlo". Y vi a mi padre en un estado de terror y por supuesto nunca he podido olvidar esa escena».

Otra de las historias que escuché varias veces era que Trujillo se acostaba con las mujeres de sus ministros, pero no sólo porque le gustaran, sino para hacerlos pasar por la famosa prueba de la lealtad. La incondicionalidad de sus colaboradores llegaba al extremo de aceptar que él se acostara con sus mujeres, y generalmente todos pasaban la prueba y aceptaban que Trujillo violara a sus esposas.

Contaban también que Pedro Henríquez Ureña, ese dominicano tan ilustre que de joven había sido ministro de cultura de Trujillo, un día regresó a su casa y escuchó que su mujer le decía: «Mira, esta mañana ha venido el Generalísimo, ha tocado la puerta, ha preguntado por mí y yo no lo he recibido, le he dicho que yo no recibía señores cuando no estaba mi marido». Y esa misma tarde Pedro Henríquez Ureña tomó un avión y nunca más volvió a poner pie en su país.

Salí de la República Dominicana completamente mareado, preguntándome cómo era posible que un dictador llegara a esos extremos, porque ningún otro dictador de América Latina logró conseguir el control total de una sociedad. A partir de entonces fue fermentando la idea de escribir sobre Trujillo, aunque estaba muy consciente de que yo no era dominicano y de que ya los dominicanos habían escrito mucho sobre esa figura. Y como en otros casos, esa idea se convirtió en una obsesión, y ése es el momento en que me pongo a escribir. Hice varios viajes más a la República Dominicana, entrevisté a mucha gente, desde trujillistas hasta víctimas del dictador, y tuve la suerte de hacerme muy amigo de un destacado intelectual dominicano que había combatido contra Trujillo y que fue torturado. Él me ayudó muchísimo y además me presentó a varias personas que me dieron testimonios muy valiosos.

Hice una investigación bastante detallada con la idea de escribir no una historia verídica, sino una novela, es decir, una trana con un material histórico de base, pero en donde la imaginación y la fantasía pudieran jugar un papel protagónico.

Hay lectores que piensan que la novela está llena de exageraciones, que la realidad no pudo llegar a ser tan brutal. Pero aunque parezca mentira, la realidad fue mucho peor que lo que cuento en la novela. Hay episodios que no pude contar porque no eran verosímiles: son eventos que sí ocurrieron pero que pasados a una novela resultarían inaceptables para un lector, porque el lector se defiende y no tolera una realidad excesivamente vil o monstruosa: sus mecanismos de defensa le impiden creer y rechaza una historia si lo ofende demasiado. Así que tuve que eliminar muchas anécdotas porque su crudeza era inaceptable.

Trujillo pertenece a esa clase de dictadores que no solamente brutalizan y espantan a una sociedad, sino que llegan a seducirla. Logran endiosarse y el grueso de la población les rinde culto. Si el pueblo dominicano hubiera podido pescar a los asesinos de Trujillo la noche de la emboscada, los habrían linchado en las calles. Esa noche, miles y miles de dominicanos fueron a rendir su último homenaje a uno de los dictadores más brutales que ha tenido América Latina. Y cuando estuve en Santo Domingo conocí a varias señoras, ya muy mayores, que recordaban a Trujillo con mucha nostalgia, como un hombre galante, bien vestido, que bailaba muy bien, y que les lanzaba unos piropos maravillosos.

El caso de Trujillo es único. En la novela cuento la historia del adonis, del ministro de los placeres que tenía Trujillo. Durante un viaje a Nueva York, le trajeron al presidente un cartel que mostraba a un joven con una sonrisa perfecta, anunciando una pasta dentífrica.

Y le dijeron que ese chico era dominicano. Trujillo respondió que quería conocerlo y así le presentaron a Manuel de Moya Alonzo, que es el modelo del personaje Manuel Alfonso en mi novela.

Trujillo se quedó muy impresionado con la elegancia de Moya Alonzo y lo contrató en el acto para que trabajara como su asesor de atuendo, porque era un maniático de la moda. Le avergonzaba ser mulato y quería compensar con su vestimenta. Moya Alonzo hace una carrera extraordinaria eligiendo los trajes, las camisas, las corbatas, los zapatos, los perfumes y las cremas especiales para blanquear la piel que Trujillo se ponía.

Moya Alonzo llega a adquirir un poder extraordinario a través de su influencia y cercanía con el Jefe. Comienza como asesor de vestuario y termina siendo el encargado de conseguirle las muchachas. A Trujillo le gustaban mucho las mujeres pero no tenía tiempo de enamorar porque llevaba una vida muy ocupada, así que en los últimos años, Moya Alonzo alquila suites en los hoteles y las llena de muchachas que el Jefe despedía rápidamente después de acostarse con ellas. Eso se convirtió en una práctica cotidiana.

Moya Alonzo es nombrado ministro de Obras Públicas pero su verdadero oficio era el de ministro de los placeres de Trujillo. Cuentan que el Jefe lloró cuando se enteró que a Alonzo le brotó un cáncer que le destrozó la cara y que nunca más quiso ver a este hombre guapo que de pronto se había vuelto muy feo. Es una de las mil historias que corrían sobre el personaje.

Cuando recopilé todo ese material, lo que me dio una pista para empezar la novela y para organizarla fue la siguiente idea: Trujillo tuvo toda clase de víctimas, pero quizá la que padeció los mayores ultrajes fue la mujer. Utilizaba a las mujeres a su capricho: se acostaba con ellas y las echaba. Y no sólo el Jefe: sus hijos también violaban con impunidad. Si les gustaba una chica, la raptaban, sabiendo que no les pasaría nada porque eran los dueños —en el sentido más riguroso de la palabra— de la nación. Se dice que Trujillo no robaba porque no necesitaba robar: ya era dueño de medio país. Ningún negocio en la República Dominicana podía prosperar si no se le daba una participación importante a la familia Trujillo.

Cuentan que en las casas no se echaba llave porque no había robos. Un día ocurrió un asalto a un banco, y Robert Crassweller, el mejor biógrafo de Trujillo, narra cómo el presidente reunió a los jefes de la policía en palacio y les dijo literalmente: «Miren, en la República Dominicana sólo una persona roba, y esa persona soy yo. Nadie más. Así que este asalto al banco es un agravio personal. Quiero que me capturen inmediatamente no sólo a los asaltantes sino a todos sus familiares». Y así fue: mandó matar a los asaltantes junto con todos sus parientes. ¡Santo remedio! A partir de ese día no hubo más robos en la República Dominicana.

Cuando llegué a la conclusión de que la peor víctima del trujillismo había sido la mujer, surgió el personaje de Urania Cabral. Quise que ese personaje femenino fuera la columna vertebral del libro y que la historia se fuera construyendo alrededor de su biografía. Es un personaje inspirado en la situación de muchísimas mujeres que fueron afrentadas, vejadas por el trujillismo, y especialmente en el caso de las hermanas Mirabal, que fue una historia real. Estas tres hermanas, muy valientes, de un pueblecito del interior de la República Dominicana, fueron resistentes. Minerva, la mayor, fue una mujer excepcionalmente inteligente, valiente y muy bella. Cuentan —no sabemos si es mito o si es un hecho real— que Trujillo, en uno de sus recorridos, al pasar por el pueblo de Ojo de Agua, donde vivía la familia Mirabal, sacó a bailar a una chica bonita que resultó ser Minerva. A él le gustaba mucho el baile y se jactaba de ser un gran bailarín de merengue. Dicen que se propasó y que ella le dio una bofetada. Esa leyenda destaca la personalidad y la valentía de esta mujer.

Minerva Mirabal fue muy perseguida por Trujillo. Él hizo cosas tan perversas como permitirle que estudiara Derecho y, después de todos esos años de carrera, prohibir que le dieran el título para asegurarse de que nunca pudiera ejercer. Ella militó en la clandestinidad, al lado de los adversarios de Trujillo. Pude hablar con uno de ellos, que recordaba el gran coraje de esa mujer excepcional y me contó: «Estábamos juntos en una célula y ella insistía: "Ustedes tienen que hacerse torturar primero, antes de que los coja la policía, para que aprendan a resistir, para que aprendan a no delatar a nadie"». Y como lo anticipaba, a ella la encarcelaron y la torturaron. Al fin Trujillo ordenó que la mataran junto con sus dos hermanas. Ellas habían ido a visitar a sus maridos, que estaban en una prisión muy alejada de Ciudad Trujillo, y durante el trayecto, que era de muchas horas, los matones de la policía trujillista las capturan, las matan a garrotazos, y luego, para simular un accidente, las meten a una camioneta y las lanzan a un abismo. Todo el mundo supo inmediatamente que se trataba de un asesinato y eso causó tal indignación que impulsó a por lo menos tres de los conjurados a participar en la emboscada contra Trujillo.

Hoy en Santo Domingo se erige un gran monumento a Minerva Mirabal, que se ha convertido en el símbolo de la resistencia contra Trujillo. Por eso el personaje de Urania Cabral —aunque refleja una experiencia que fue muy extendida— está inspirado particularmente en esa mujer. La novela recoge una gran cantidad de material histórico, pero también muchas fantasías. La única limitación que me impuse al escribir la novela fue no inventar nada que no hubiera sido posible dentro del contexto de la República Dominicana de esa época.

Durante el proceso de escritura ocurrió algo muy interesante. Surgió un personaje que fue creciendo, que fue adquiriendo cada vez más importancia de la que yo había imaginado: Joaquín Balaguer. Balaguer fue un abogado joven que militó en la oposición hasta que Trujillo, durante su primera campaña electoral, lo manda a llamar para incorporarlo a su partido. Desde ese momento Balaguer colabora con Trujillo y ocupa todos los cargos importantes durante los treinta y un años que duró la dictadura. Llega a ser ministro de prácticamente todo, embajador y hasta presidente de la República, porque Trujillo elegía presidentes fantoches. Un día alguien le preguntó al Jefe: «¿Por qué eligió a Balaguer como presidente?», y él respondió: «Porque es el único que no tiene ambiciones». Pero Trujillo se equivocó: en realidad Balaguer tenía una ambición tan grande que fue presidente de la República una vez con Trujillo, y luego siete veces más después de la llegada de la democracia, elegido en elecciones más o menos libres.

Balaguer es un personaje extraordinario: jugó un papel central durante el trujillismo y luego en el postrujillismo. Logró convencer a los americanos de que él era el único hombre capaz de llevar a la República Dominicana pacíficamente de la dictadura a la democracia. Y al final lo consiguió: una democracia muy relativa, pero que significaba un extraordinario avance en comparación con lo que había sido el pasado trujillista.

Escribí *La Fiesta del Chivo* pensando fundamentalmente en Trujillo pero también en todas las dictaduras, que tienen mucho en común. Hay un común denominador en los sistemas totalitarios, así que aproveché también la experiencia del régimen de Odría que yo había padecido en el Perú y lo que sabía sobre las otras dictaduras de esos años: la de Somoza en Nicaragua, la de Pérez Jiménez en Venezuela, la de Rojas Pinilla en Colombia y la de Perón en la Argentina. En esa época todos los países latinoamericanos —Costa Rica, Chile, Uruguay fueron las únicas excepciones— padecieron dictaduras. Quise que mi novela resumiera la experiencia del caudillo y que mostrara cómo estos hombres fuertes expropian totalmente la soberanía nacional para asumirla a título personal. Y quería tratar un tema más delicado, que era el de la responsabilidad compartida por los pueblos que padecen una dictadura, por la facilidad con que los ciudadanos se acomodan al régimen, y en muchos casos lo apuntalan y lo fortalecen.

Es una realidad que resulta difícil de aceptar pero que se ve clarísimamente en el caso de la República Dominicana. Al principio hay resistencia pero luego, por una necesidad de supervivencia que es perfectamente comprensible, la gente común y corriente se amolda y se deja manipular hasta que llega a identificarse con ese hombre fuerte que hace con ellos lo que quiere. Los extremos de humillación a los que pudo llegar la República Dominicana con Trujillo son indecibles. Un ejemplo: cuando su hijo Ramfis cumple diez años, es nombrado general. Hay imágenes absolutamente escalofriantes de ese niño, vestido de general del ejército, recibiendo el homenaje de las fuerzas armadas dominicanas y de todos los embajadores extranjeros, vestidos de frac. Trujillo preside la ceremonia y sus familiares llevan sombreros especiales, algunos con plumas, y uniformes increíbles, todos diseñados por Moya Alonzo. Gracias a este modisto, Trujillo se sentía como el árbitro supremo de la elegancia, como lo fue Petronio en el Imperio romano.

Es una novela que quiere expresar todas esas cosas, y en la que, además de mucho material histórico, hay también una buena dosis de invención, de fantasía, de pura imaginación.

EL PROCESO DE ESCRITURA

RG: Tu proceso de investigación es casi el mismo que seguiría un historiador o un académico. Se trata de hacer una extensa investigación de archivo.

MVLL: Sí: comienzo con la investigación, que continúo mientras escribo esa primera versión que siempre es como un magma: una especie de selva caótica en la que no hay ningún orden. Lo que hay son descripciones, episodios que se repiten desde distintos puntos de vista. Es un material bruto que me permite tener la seguridad de que ahí hay una forma que está como enterrada en un gran bloque de mármol y que es la historia que quiero contar. Y esa primera versión que escribo sin cuidar el estilo a mí me ayuda muchísimo porque me da una seguridad que no tengo nunca cuando empiezo una novela. En cambio cuando tengo este borrador terminado, que siempre tiene muchas más páginas de lo que será la versión publicada, ya puedo trabajar con una cierta seguridad. Sé que allí adentro está la novela y que se trata de encontrarla, eliminando y recomponiendo los episodios. Al concluir esa primera versión ya tengo una idea de cómo debe ser la estructura, de quiénes serán los personajes principales. Y entonces hago una segunda y generalmente una tercera versión, que es la época en la que me divierto más escribiendo, la que más me gusta. El primer borrador me cuesta mucho trabajo, pero ya el segundo y el tercero los hago con mucho placer y trabajando con más convicción. Todos esos borradores están en el archivo de Princeton: creo que hay por lo menos tres versiones de *La Fiesta del Chivo*.

TÉCNICA LITERARIA: EL DATO ESCONDIDO

RG: El recurso literario que mueve la trama en *La Fiesta del Chivo* es el secreto: el lector sabe que ocurrió algo traumático, terrible, que arruinó la vida de Urania, pero no sabe qué fue hasta que llega a las últimas páginas del libro. Ese secreto atiza la curiosidad del lector y lo incita a seguir leyendo. Vemos algo muy similar en *Conversación en La Catedral:* allí también pasa algo entre Ambrosio y don Fermín que se mantiene en secreto durante casi toda la novela.

MVLL: En todas las novelas que he escrito hay siempre ese secreto que yo llamo el dato escondido. El dato siempre está ahí, pero como una ausencia que marca profundamente su entorno, que está más presente de lo que ocurriría si saliera a la luz. La novela siempre incluye datos escondidos porque es imposible contarlo todo. Lo importante es que los datos ocultos sean muy locuaces, que tengan mucha significación, que logren impregnar aquella historia que se está contando para darle un suspenso. Se genera una incertidumbre respecto a lo que realmente ocurre porque falta algo. Y si ese dato está presente desde la ausencia, entonces el propio lector participa en la historia y rellena aquello que falta.

Hemingway usaba mucho esa técnica. En sus cuentos siempre hay datos escondidos. Es lo que mantiene esa atención del lector enganchada completamente a la trama.

MIGUEL CABALLERO: Mientras leía *La Fiesta del Chivo* tenía más o menos claro cuál era el problema de Urania, pero la intriga para mí era si se contaría o no: es decir, si la violación sería el dato escondido de la novela. Quería preguntar sobre esa decisión de contar la violación de Urania.

MVLL: Siempre tuve claro que la iba a contar. Si no contaba esa escena central, la personalidad de Urania resultaría incomprensible. Es un dato fundamental para mostrar de una manera emblemática, para resumir en un acto lo que fue la violencia durante la dictadura. La historia de un padre que entrega a su hija para que Trujillo haga de las suyas con ella es algo monstruoso. Además, Agustín Cabral quiere a su hija y tiene con ella una relación muy cordial y muy sana. Pero de pronto ocurre ese episodio espantoso que muestra hasta qué punto la corrupción que produce la dictadura puede deformar a un hombre.

Al mismo tiempo, hay ciertas escenas que un escritor no puede presentar directamente a la experiencia del lector sin antes prepararlo, porque éste se defiende y si se topa con algo que lo ofende mucho, no cree. El novelista tiene que ir ablandando esa resistencia.

Cuando se llega al momento en que se cuenta la violación de Urania Cabral, han pasado tantas cosas que a esas alturas ya el lector estaba dispuesto a aceptarlo todo, porque sabe que se vive una situación de anormalidad absoluta, que todos los excesos están permitidos en ese mundo. Así que la violación de Urania Cabral, por terrible que sea, resulta verosímil dentro de ese contexto.

LARA NORGAARD: Hay otro secreto en la novela: el asesinato de Trujillo que están tramando los jóvenes en el coche. Hay un contrapunteo entre las dos tramas, la de Urania y la de los conspiradores, y en ambas hay un secreto que no se cuenta hasta muy avanzada la novela. ¿Puede hablarnos de la relación entre esos dos secretos y esas dos tramas?

MVLL: Una de las características de la novela moderna, de la novela de nuestro tiempo, es que la organización del tiempo no tiene por qué aparentar ser cronológica. Uno puede descomponer el tiempo y convertirlo en un espacio. Así como uno puede moverse en el espacio, también en la novela moderna se mueve en el tiempo: salta hacia episodios que van a ocurrir en el futuro, o regresa a episodios que ocurrieron en el pasado. En estas novelas, la cercanía o la lejanía de los episodios no se da en función de la cronología sino por afinidad o por rechazo. Hay situaciones semejantes que se narran simultáneamente aunque hayan ocurrido en tiempos muy distintos, y también situaciones que son disímiles pero que se narran como si estuvieran relacionadas para crear la cercanía de los contrarios. Es la oposición la que hace que se acerquen los episodios.

En mi caso, por lo menos, lo que hay es pura intuición. Sé que si acerco dos episodios, los dos se van a enriquecer. Y separándolos en el tiempo se va a crear una curiosidad, una atención en el lector que será muchísimo mayor que si se narraran cronológicamente. Para mí también es muy importante mantener una cierta oscuridad, una cierta ambigüedad sobre la relación cronológica de los episodios. A mí me gusta que eso se vaya esclareciendo poco a poco para mantener un suspenso en la lectura de la historia, que es indispensable para la verosimilitud de lo que uno está contando. Si el lector no cree, la historia se muere. Por eso hay que mantener viva la curiosidad del lector pero también su credulidad. En uno de sus ensayos sobre la novela, E. M. Forster decía: «Es muy importante que el lector se pregunte en cada página: "¿Y ahora qué? ¿Ahora qué sigue?"». Si uno consigue eso, la novela se ha logrado y tendrá éxito. Pero si el lector se aburre o se distrae, la novela fracasa.

A diferencia de la violación de Urania, el episodio de la muerte de Trujillo sigue muy de cerca los hechos reales. Sólo hay un miembro del comando que ajustició al dictador que sigue vivo. Yo lo visité en dos ocasiones. Los trujillistas intentaron matarlo tres o cuatro veces:

una vez lo ametrallaron en el centro de Santo Domingo, pero él siguió manejando su auto, escapó y se fue a un hospital. Cuando lo visité, vivía rodeado de guardias que lo protegían. Me contó que había sido trujillista, como casi la mitad de los conspiradores, y me dijo: «Para mí, lo decisivo, lo que me convenció de entrar en la conspiración fue el asesinato de las Mirabal». Además me lo dijo de una manera muy machista: «Mataban a nuestros hijos, mataban a nuestros padres, pero que mataran a nuestras mujeres, eso ya fue el colmo». Dijo: «Entonces yo decidí matar a Trujillo porque había traspasado el límite de lo tolerable». Era un personaje muy interesante, un militar que fue también un trujillista leal durante muchísimos años, con cargos importantes en el ejército, hasta que lo sobrecogió el asesinato de las Mirabal.

Otro de los personajes de la conspiración era muy católico y fue incluso a consultar al nuncio apostólico para preguntarle si era verdad que Santo Tomás decía que matar a un tirano se justificaba. Su hijo cuenta que el nuncio no le dijo nada, pero le señaló con un dedo, en silencio, un párrafo de la suma apostólica de Santo Tomás sobre el tiranicidio.

LOS PERSONAJES

Trujillo

RG: Hay muchas semejanzas entre *Conversación en La Catedral* y *La Fiesta del Chivo*. La principal sería el proyecto de investigar los efectos de una dictadura, la gran corrupción que produce en un segmento de la población que normalmente se considera apolítico: los sirvientes, los choferes, los adolescentes, los niños. Esto está en ambas novelas, pero con una diferencia capital: en *Conversación* nunca aparece el dictador.

MVLL: Nunca aparece Odría, en cambio en *La Fiesta del Chivo* el dictador es el eje de la historia.

DIEGO NEGRÓN-REICHARD: Quería preguntarle sobre una diferencia importante entre Trujillo y Odría: Trujillo hipnotizó a su pueblo y logró que la gente lo quisiera. Odría, en cambio, no parece haber tenido los mismos poderes de seducción.

MVLL: Hay diferencias importantes entre los dos: Odría dura sólo ocho años pero Trujillo se mantiene en el poder durante treinta y uno. Odría era un mediocre, mientras que Trujillo tenía cierta grandeza, una grandeza malévola. Odría se conformó con robar poquito, porque ni siquiera robó mucho. Recuerdo una anécdota: un amigo mío le preguntó a un chofer de taxi: «¿Pero usted va a votar por Fujimori? ¿No sabe que es un ladrón?». Y el taxista respondió: «No, no. Fujimori sólo roba lo justo». Es una expresión magnífica: robar lo justo. Así era Odría: robaba lo justo. Felizmente para los peruanos carecía de ambiciones, nunca se consideró un redentor. Era un pequeño dictadorzuelo corrupto, y algo violento, pero no se compara ni remotamente con la maldad de Trujillo.

RG: ¿Puedes hablarnos de la decisión de no ocultar a Trujillo como había sido ocultado Odría?

MVLL: En *Conversación en La Catedral* sentí siempre como un vacío el hecho de que el dictador no apareciera nunca: se veían los efectos, pero la dictadura misma estaba representada no por el dictador sino por ese funcionario menor que es Cayo Mierda. La novela llega hasta la puerta del despacho de Odría pero nunca entra. Me quedé con el sentimiento de que allí había una ausencia. Así que cuando comencé *La Fiesta del Chivo* decidí hacer todo lo contrario: el dictador va a presidir el régimen y se convertirá en un personaje principal.

Cuando ya tenía avanzada la novela, Khalil Haché organizó una cena de antiguos funcionarios del régimen en una casa donde estaba el escritorio y otros objetos de Trujillo. Y era absolutamente fascinante porque esos señores, ya mayores, hablaban del Jefe de una manera casi religiosa, con una gran admiración que permitía imaginar lo que debió haber sido la adulación de Trujillo cuando él estaba vivo.

Uno de los peores represores —se suicidó hace pocos años— era un coronel de la aviación, íntimo amigo de Ramfis Trujillo. Cuando estaba investigando, conseguí, a través de una amiga suya, que me diera una cita. Ya se había retirado del ejército: había vivido en el extranjero muchos años, había regresado y en ese momento dirigía una empresa. Decían que era del Opus Dei y se lo veía todos los domingos comulgando y pasando el limosnero. Y aceptó verme. Era un hombre muy frío, tan frío como un pescado. Y entonces me habló. Por supuesto, defendía a Trujillo. Lo hacía de una manera que no era tonta, diciendo: «Este país era un caos hasta que vino el Jefe. Aquí había una lucha de facciones, el país era la pura barbarie, hasta que el Jefe puso orden. Fuimos la economía más próspera del continente. Por fin hubo institucionalidad». Le dije: «Perdóneme, pero quiero hacerle una pregunta. Un amigo dominicano, José Israel Cuello, que me ha traído hasta la puerta de su oficina, me ha contado una historia. Me dijo que él había sido llevado a la famosa silla eléctrica y que cuando lo estaban torturando usted entró y le dijo: "¿No te da vergüenza? Yo conozco a tu padre, un maestro. ¿Cómo es posible que tú conspires?". Y que entonces usted tenía un fuete en la mano, y que le dio un fuetazo en la cara, que le ha dejado una cicatriz que todavía tiene». Y le pregunté: «¿Es verdad esa historia?». Y fue el único momento en la conversación en que lo vi confundido, pálido, y me respondió: «¿Quiere usted que le diga la verdad? Yo no me acuerdo de eso».

Yo pensé: si no se acuerda de eso es porque entró tantas veces a esa sala de tortura que sus recuerdos se le confunden. Porque no pudo haber entrado una sola vez. La única explicación, si es verdad que no se acuerda, es que les rompió la cara con su fuete a tantos detenidos que perdió la cuenta. Este hombre fue —junto con Ramfis— uno de los asesinos que torturaron y mataron a los ajusticiadores de Trujillo en una finca en las afueras de la capital. Y como estas anécdotas podría contar cientos más, que fueron el material de trabajo de la novela. La riqueza de las historias era tal que lo difícil era tener que eliminarlas y dejarlas fuera de la trama.

KYLE BERLIN: Trujillo parecía controlarlo todo pero no podía controlar su propio cuerpo: ni su color de piel, ni su masculinidad, ni su vejiga.

MVLL: Trujillo tenía un gran problema de incontinencia. Se orinaba en todas partes. Dicen que uno de sus ministros se sentaba siempre a su lado y era el encargado de echarle un vaso de agua encima cuando se orinaba los pantalones: todo quedaba como un accidente y el presidente reñía a su ministro por descuidado. Fue una cosa que lo angustiaba mucho precisamente por su machismo: era como si lo hubieran castigado en el símbolo de su virilidad. Y él sufría mucho con este problema.

En la novela cuento la historia de un joven médico dominicano, formado en Estados Unidos, muy talentoso, que lo ve y lo diagnostica. Le dice: «Usted tiene cáncer. Hay que operar, eso se puede operar ahora». Pero como era tan desconfiado, pide que le traigan al mejor especialista del mundo, que era el doctor Puigvert, un gran urólogo que vivía en España. Un grupo de dominicanos viaja para consultar a este doctor, pero no le cuentan de quién se trata: le dicen que hay un millonario dominicano que necesita una consulta. En sus memorias, el doctor Puigvert cuenta que examinó a Trujillo y le dijo: «No, usted no tiene cáncer, usted tiene una inflamación, una irritación que se puede curar» y Trujillo respondió: «Ah, entonces el otro lo que quería era matarme», y en el acto manda asesinar al otro pobre médico. Pero resulta que sí tenía cáncer: el primer médico había acertado y el doctor Puigvert se equivocó. Fue algo terrible: un joven médico, brillante, muere asesinado por haber acertado en su diagnóstico. Allí vemos lo que valía la vida humana para Trujillo. Vivía en una paranoia constante, anticipando conspiraciones contra él.

EMILIO MORENO: Hay una escena en que Trujillo le dice a Johnny Abbes García que lo envidia porque él hubiera querido tener una esposa tan fuerte y tan capaz como la suya, porque él necesitaba ese apoyo en el momento de tomar ciertas decisiones. Es interesante que un personaje tan machista y dominante como Trujillo admita que se hubiera beneficiado de una mujer fuerte. Esta conversación le da una faceta más compleja al dictador.

MVLL: Todo está lleno de sangre con Trujillo. La mujer que luego terminó siendo su esposa estaba casada con un militar, y aparentemente Trujillo lo mata para poder quedarse con ella. Cuando toma el poder, su mujer se convierte en la prestante dama pero en la calle la gente la llamaba «la Españolita» porque tenía sangre europea. Al final ya no tenía relaciones con Trujillo y hacía su vida completamente aparte. Lo único que se sabía de ella es que era muy avara y que mandó mucho dinero fuera.

RG: Uno de los temas que desarrolla *La Fiesta del Chivo* es cómo el poder embriaga y enloquece. En su borrachera autoritaria, Trujillo pierde contacto con la realidad y llega al grado de creer que puede actuar impunemente no sólo en su país, sino también en el resto del mundo, sea en Nueva York o en Venezuela.

MVLL: Así es. Vemos esta locura cuando él intenta asesinar al presidente venezolano Rómulo Betancourt, que era su enemigo. La conspiración planta un coche bomba pero el atentado falla y Betancourt aparece en televisión, con las manos quemadas, culpando a Trujillo.

Eso provoca un gran escándalo internacional y Trujillo queda desprestigiado en América Latina y en el resto del mundo. Con ese atentado fallido él firmó su condena.

MARLIS HINCKLEY: La relación del personaje Trujillo con el lenguaje es fascinante: hay un pasaje en que el dictador se obsesiona con un discurso en que el presidente Balaguer compara a Trujillo con Dios. El Jefe se lo aprende de memoria y recita uno de los párrafos una y otra vez. Es un uso casi religioso del lenguaje, como quien repite una oración en una iglesia.

MVLL: Ese episodio está basado en hechos históricos. Trujillo quedó muy impresionado con un discurso en el que Balaguer decía: «Hasta la mitad de la historia dominicana, Dios se encargó de que este país no desaparezca, pese a los piratas, los corsarios, los huracanes, los tifones. Pero llega el día en que Dios se cansa y pide que alguien lo releve. En ese momento aparece Trujillo». A Trujillo le gustó esta historia, que además confirmaba su imagen de redentor.

Hay otra anécdota importante sobre la relación de Trujillo con el lenguaje. Cuando estaba haciendo la investigación para la novela, el director de *Listín Diario* me contó que durante la época de Trujillo —cuando él trabajaba de periodista— la página más peligrosa era la de sociales porque era la que Trujillo leía. El dictador no leía editoriales ni se interesaba en las noticias internacionales, pero sí leía, y muy cuidadosamente, la página de sociales. Esa página llegó a ser de una importancia capital para saber qué ocurría en el país, pero había que saber descifrarla. Una clave, por ejemplo, eran los tratamientos. La madre de Trujillo debía ser llamada siempre «la prestante dama», por ejemplo. Yo estoy seguro que no había un dominicano que supiera qué cosa era *prestante*. Pero a Trujillo eso le sonaba elegante, entonces su madre se convirtió en «la prestante dama», o sea, la distinguidísima dama. El padre de Trujillo pasó a ser «el distinguido caballero» y así los otros miembros de la familia. El director del diario me contó que los lectores siempre sabían cuando alguien había caído en desgracia porque dejaba de tener tratamiento especial: el muy distinguido caballero o el fino y distinguido caballero pasaba de pronto a ser el señor fulano de tal, y eso era un índice clarísimo de que a ese hombre le había ocurrido algo o estaba a punto de ocurrirle algo. El director me contó que a veces llegaba una noticia de palacio que decía: «A fulano de tal se le deja de llamar "el fino caballero" y a partir de hoy se le llamará señor a secas». Y eso provocaba terror en la persona que de pronto leía el periódico y veía su nombre escrito sin calificativos. Era una muestra clarísima de que podía ir preso, desaparecer o perder toda su fortuna de la noche a la mañana. Y todo esto ocurría en la página de sociales.

Las noticias de sociales, que en cualquier publicación son las menos cuidadas, las que interesan solamente a la gente frívola, eran las más importantes en la época de Trujillo. Ya ven ustedes la deformación extraordinaria a la que puede llegar una dictadura, que tiene ese control total sobre la vida de su país.

RG: ¿Tuviste acceso a grabaciones de Trujillo para escuchar cómo hablaba él?

MVLL: Sí. Tenía una vocecita muy chillona. Por eso prefería que otros leyeran sus discursos. Él se consideraba la encarnación del macho dominicano pero su manera de hablar no era nada viril. Es muy impresionante oír las grabaciones de esa vocecita delgadita y con gallos.

MH: ¿Qué relación hay entre la personalidad de Trujillo y la cultura machista de la República Dominicana?

MVLL: Trujillo se preciaba de ser el macho por antonomasia y su personalidad exacerbó el machismo en la República Dominicana. Era todo lo contrario de un dictador como Franco, que no aspiraba a ser el macho ni mucho menos. Y Franco no exacerbó el machismo español.

ALEXANDRA APARICIO: ¿Podría hablarnos de cómo construye el perfil psicológico de un dictador como Trujillo? ¿Se trata de un ser enfermo cuyas acciones son síntomas de su delirio?

MVLL: Presentar a los dictadores como fenómenos me parece una gran equivocación. Es un mecanismo inconsciente de defensa: decir «ese hombre no es como nosotros». Pero lo terrible de los dictadores es que sí son como nosotros. Salen de allí, de lo que somos todos, y se comportan como seres ordinarios hasta que llegan al poder. Es el poder el que saca el monstruo, pero se trata de un monstruo que llevamos todos dentro. Los dictadores son personas comunes y corrientes que el poder transformó en monstruos. Es preferible vivir en un sistema que no permita que una persona concentre todo el poder de una sociedad, porque en ese momento es cuando sale ese monstruo que habita en todos nosotros.

RG: Trujillo es un ejemplo de una clase de dictador pintoresco, que se presta a la literatura por sus excesos y por su personalidad excéntrica. Fidel Castro también pertenece a este grupo. Pero hay un segundo grupo de dictadores grises, sin interés literario, en el que está Odría y también Pinochet.

MVLL: Pinochet es un típico dictador latinoamericano. Pertenece a la tradición de Odría, de Pérez Jiménez, de Rojas Pinilla. Es un dictador militar que carece de carisma, una figura casi fúnebre, con esos anteojos oscuros y esos uniformes rígidos. La de Pinochet es una dictadura institucional en donde el ejército asume todo el poder, incluido el poder de decisión. Trujillo, en cambio, fue un gran payaso. Por eso su dictadura es tan colorida. La crueldad de Trujillo era también más impredecible que la de Pinochet: podía estar conversando con una persona muy amablemente y mandarlo matar cinco minutos después.

MC: ¿Cuál fue la ideología de la dictadura de Trujillo? En los últimos años Trujillo teme, por un lado, al comunismo, por otro, a los Estados Unidos, por otro más, a la Iglesia. Ideológicamente parece muy confuso.

MVLL: Una dictadura como la de Trujillo no es ideológica: es la dictadura de un caudillo. Para él es muy importante la buena relación con Estados Unidos y como los americanos dicen que tiene que haber elecciones, entonces él organiza elecciones y se las ingenia para ganarlas. Uno de los episodios más grotescos ocurrió cuando Estados Unidos insistió mucho en la necesidad de celebrar elecciones libres. Trujillo aceptó y se presentó como el candidato de oposición contra el presidente Balaguer. Fue su testaferro el que ganó esas elecciones.

Él llega a esos extremos de circo absoluto porque podía hacer con su país lo que le diera la gana. Era como un escultor que modela el barro a su antojo: podía modelar a la sociedad dominicana hasta el extremo de inventar esa farsa grotesca de postularse como candidato de la oposición. Su poder era realmente absoluto.

MH: Si la idea era mostrar cómo el poder corrompe, ¿por qué la novela no narra la vida de Trujillo antes de llegar a la presidencia?

MVLL: Antes de llegar al poder Trujillo fue una figura completamente anodina. Trabajaba como matón en una hacienda, poniendo orden entre campesinos díscolos. Tenía algunas aptitudes cuando pasa a integrar el pequeño grupo que los marines entrenan para formar la Guardia Nacional Dominicana durante la ocupación norteamericana de 1916: era muy disciplinado y muy ordenado. Lo hizo tan bien que poco tiempo después los mismos americanos que lo entrenaron lo eligen a él como jefe de la Guardia Nacional. Esa fuerza militar es la única autoridad que queda en el país después de la salida de los estadounidenses y Trujillo empieza a tener cada vez más poder. Cuando se convocan las elecciones, él se presenta como candidato y gana —no sabemos si gana limpiamente o no—, en parte porque se rodea de gente buena como Balaguer.

Una vez en la presidencia comienza a acumular el poder, y se dedica a eliminar a sus adversarios y a sus enemigos. El monstruo se va manifestando cada vez más enérgicamente. Es la acumulación de poder lo que va haciendo de él un personaje más y más despótico, más extravagante. Creo que es el caso de todos los dictadores. Es el exceso de poder lo que los convierte en personajes absolutamente sanguinarios.

AA: Quería preguntarle sobre la historia del concordato entre Trujillo y el Vaticano que aparece en la novela y, en términos más generales, sobre la relación entre la dictadura y la Iglesia.

MVLL: En los primeros años del régimen la Iglesia apoya a Trujillo hasta convertirse en uno de los baluartes de la dictadura. Poco a poco se va apartando, se va volviendo crítica, hasta convertirse, en los últimos años, en una de las fuerzas de oposición contra el régimen. El dictador arremete contra dos obispos, uno norteamericano y otro español, que se habían convertido en sus mayores críticos. Esa parte de la novela es muy histórica: ahí he respetado los hechos, aunque los hechos mismos son novelescos.

Urania Cabral

EM: Me interesó la relación de Urania con la República Dominicana. De niña padeció en carne propia los horrores de la dictadura. Logra escaparse y rehace su vida en los Estados Unidos, donde estudia, saca una carrera y consigue un trabajo muy bueno en Nueva York. Ha dejado atrás el horror de lo que fue su vida en Ciudad Trujillo. Pero un día decide regresar, y no sabemos bien por qué: ella no necesita volver a ese lugar en donde ocurrieron todas sus desgracias.

MVLL: Urania tiene un vínculo psicológico muy fuerte con la República Dominicana. Hay un trauma inicial, que ella nunca supera, y que ocurre en la isla. El regreso a la ciudad de su infancia es la peregrinación al origen. Toda su vida ha quedado brutalmente marcada por esa experiencia de su niñez y al regresar se da cuenta que nunca la ha superado, que ha seguido arrastrándola, que su vida está totalmente condicionada por ella. A pesar de las apariencias, no se libera: se lleva la República Dominicana a Nueva York.

Cuando fui a presentar la novela a Santo Domingo, me impresionó mucho una carta que salió en *Listín Diario*. En ella, un señor decía: «Después de haber leído esta novela, yo siento la necesidad de contar la historia de mi hermana, que es muy parecida a la de Urania Cabral. Mi familia fue profundamente trujillista y Trujillo violó a mi hermana. Éramos una familia muy católica y ese estupro nos destruyó. Mis padres se fueron de la República Dominicana pero mi madre nunca se recuperó y tuvo problemas mentales hasta su muerte. Mi hermana, mal que mal, rehízo su vida. A mí me ha impresionado tanto su novela porque cuenta la historia de mi hermana, la historia de cómo Trujillo destruyó a mi familia, que estaba totalmente identificada con el régimen».

Yo conservo esa carta, que me impresionó muchísimo. La historia de Urania no es única, es algo que lamentablemente ocurrió muchísimas veces.

RG: ¿Tuviste claro desde el principio que Urania iba a salir del país? Porque ésa es una diferencia importante con la biografía de Minerva, que es uno de los modelos del personaje.

MVLL: Yo quería que saliera porque era imposible que Urania llegara a tener esa lucidez sin la distancia. Ella es una mente intelectual, que reflexiona, que tiene ideas, que ve con una perspectiva crítica todo lo que le ocurrió. Entonces era muy importante que hiciera su vida en otro país y que además lograra una carrera exitosa, porque eso le daría una libertad y una desenvoltura frente a su padre, que es el gran culpable de su tragedia.

CHARLOTTE WILLIAMS: Urania parece ser el único personaje que tiene la capacidad de tomar decisiones sobre su propia vida, pero incluso en su caso hay fuerzas desconocidas que la empujan a regresar a la República Dominicana. En un pasaje de la novela se comenta que todos los dominicanos terminaban, de una manera o de otra, sirviendo al régimen. Estrella Sadhalá concluye que «el Chivo había quitado a los hombres el atributo sagrado que les concedió Dios: el libre albedrío».

MVLL: Las dictaduras expropian el libre albedrío. El dictador monopoliza esta libertad y el grueso de la población deja de juzgar, deja de pensar, y le cede al jefe la responsabilidad de tomar todas las decisiones, incluso las que afectan a su propia vida. Ésa es una operación característica de todas las dictaduras. En el totalitarismo hay, además, una concentración absoluta de poder en una sola persona. El libre albedrío prácticamente desaparece, el individuo deja de ser responsable de las decisiones fundamentales de su vida.

Cuando Trujillo se enteraba de una persona inteligente que estaba en contra de la dictadura, lo hacía llamar y le decía: «Quiero que usted sea mi ministro de Economía, usted que es tan buen economista». Y como a Trujillo no se le podía decir que no, todos sus adversarios, todos los miembros de la oposición, incluso los que más lo detestaban, pasaban a servirlo y a formar parte del régimen. Era la suprema humillación. Trujillo sabía que tenía el poder absoluto de encumbrar a sus adversarios, de corromperlos profundamente. Es una de las formas más sutiles de venganza contra el adversario.

CW: Y los efectos de esa humillación, de esa venganza, continúan después de la muerte de Trujillo, como vemos en el caso de Urania.

MH: Hay tres personajes femeninos que juegan un papel importante en varias novelas: Urania, Flora Tristán y Amalia de *Conversación en La Catedral*. Las tres tienen algo en común: son víctimas de un acoso sexual.

MVLL: No lo tenía presente, pero es verdad que las tres sufren ataques. El machismo se manifiesta siempre en agresiones sexuales. El sexo es el terreno en donde el machismo se impone y donde produce mayores lesiones. En el caso de Flora Tristán, a ella la casan cuando es muy joven con un hombre que abusa de ella, que la atropella. Ella tiene el coraje de huir, que era un gran riesgo, porque en esa época era un delito abandonar al marido, aunque la maltratara, y podía pasar años en la cárcel. Pasa casi diez años en silencio: no sabemos nada sobre este periodo: ni dónde estaba ni qué hacía. Yo creo que se fue de sirvienta a Inglaterra. Sus escritos cuentan mucho sobre la vida de los domésticos, por eso creo que es muy probable que haya trabajado como sirvienta en Inglaterra.

Urania Cabral es muy distinta: quise que fuera un personaje culto, con una cierta independencia, capaz de juzgar con cierta distancia crítica lo que ocurría en su país. Por eso estudia en una gran universidad y se vuelve una abogada destacada, aunque ninguno de sus logros la cura del trauma de infancia.

Sister *Mary*

MC: Urania forma parte de un triángulo de personajes femeninos junto con otras dos mujeres que juegan papeles muy importantes. La primera, que es un poco fantasmal, es su madre, y la segunda es *sister* Mary, que es como una heroína discreta, que prácticamente no habla en la novela.

MVLL: Sí: la madre de Urania es casi invisible. *Sister* Mary, en cambio, es una mujer con más iniciativa.

RG: ¿Tiene un modelo en la vida real ese personaje?

MVLL: No. Urania Cabral estudió en una escuela que sí tiene un modelo en la vida real: el colegio de monjas norteamericanas a donde mandaban a sus hijas los prohombres trujillistas, que existe todavía y que sigue formando a las niñas de sociedad. Pero el personaje de *sister* Mary es inventado y no tiene modelos en la realidad. A mí me interesaba que Urania saliera al extranjero y decidí que los Estados Unidos era un buen lugar para ver la República Dominicana desde otra perspectiva. Hay muchísimos dominicanos que viven en ese país, que han hecho su vida en Nueva York y en otras ciudades.

Yo necesitaba un personaje que le sirviera de puente a Urania para llegar a los Estados Unidos, y así surgió *sister* Mary. Es un personaje menor, pero simpático. En un mundo marcado por la violencia y la corrupción es uno de los personajes más íntegros, más puros.

Agustín Cabral

MVLL: El personaje del padre de Urania sí está inspirado en un personaje real, en un hombre que fue el brazo derecho de Trujillo durante veinte años. Trujillo lo trató bien hasta que durante un viaje a España se le ocurrió invitar a Franco a visitar la República Dominicana. Pero Franco le dijo: «Yo no puedo salir de España porque no tengo un hombre que sea mi brazo derecho como el que sí tiene usted». Dicen que esa frase lo hundió porque Trujillo pensó: «A éste lo ven como mi brazo derecho, es decir, como alguien que podría reemplazarme».

Trujillo regresa de viaje con su primer ministro y al día siguiente todos los periódicos dominicanos comienzan a atacar al pobre hombre, diciendo que era un ladrón, un inepto. Y entonces el primer ministro, como

Agustín Cabral, se pregunta: «¿Pero qué está ocurriendo aquí? Soy el segundo hombre más poderoso del país y todo a mi alrededor se hunde». Lo acusan de enriquecimiento ilícito y lo meten preso. Trujillo le confisca todos sus bienes. A los dos años lo saca de la cárcel y le ofrece un puesto diplomático en Suiza, a condición de que no vuelva a pisar la República Dominicana. Ese señor pasa de ser el brazo derecho de Trujillo a vivir como un pobre diablo, completamente olvidado. Y todo porque a Trujillo le pasó por la cabeza que había tomado demasiado poder.

Eso da una idea de la precariedad que vivían los dominicanos, incluso los más poderosos. Hasta el poder era precario, porque Trujillo podía quitarlo sin el menor aviso, como le ocurrió a ese señor, por un simple resquemor psicológico. Porque no había evidencia de que ese señor pensara conspirar contra Trujillo ni muchísimo menos.

El caso de Agustín Cabral es muy interesante: era un hombre muy inteligente, un opositor natural al régimen, pero Trujillo lo obliga a percibir comisiones del gobierno. Una dictadura ensucia al país entero y los únicos que quedan limpios son los héroes, que se arriesgan a ser torturados y asesinados. Los hombres comunes y corrientes, en cambio, terminan ensuciados por lo que ocurre a su alrededor.

RG: ¿Puedes hablarnos de la decisión de hacer de Agustín Cabral un personaje mudo? Cuando Urania vuelve a verlo, él está muy enfermo y no puede responder.

MVLL: El padre aparece como una ruina humana que ha perdido hasta el habla. Si hubiera podido hablar, se habría defendido y la novela tendría que presentar el duelo verbal entre padre e hija. Yo preferí que Urania lanzara un monólogo, contando la historia desde su intimidad. Si el padre no hubiera estado en esa condición, se habría creado más tensión y la historia hubiera tomado otro camino. Quería que la historia de Urania apareciera en toda su complejidad y por eso terminé convirtiendo al padre en un par de orejas. Escucha, pero ni siquiera sabemos si ese padre entiende lo que su hija le dice. Me gustó mucho esa situación, con el padre enmudecido, porque me permitía perfilar más la personalidad, el drama de Urania. Quise contar la historia de Urania, no la de Agustín Cabral, que además es un personaje histórico cuya historia ya se conoce.

Los conspiradores

MC: Una diferencia entre *Conversación en La Catedral* y *La Fiesta del Chivo* es que en la primera no hay héroes: todos terminan arruinados moralmente. La novela sobre Trujillo, en cambio, sí tiene héroes: esos jóvenes idealistas que dan su vida por la libertad. En *Conversación* no hay salida; en *La Fiesta del Chivo,* sí.

MVLL: Los chicos que matan a Trujillo son héroes, efectivamente. Sabían que iban a morir pero actúan por convicción. Ese tipo de heroísmo no aparece en *Conversación en La Catedral,* donde los líderes de la oposición son bastante mediocres, y, como todos los otros personajes de la novela, se hunden en un pantano de grisura y mediocridad.

LN: *La Fiesta del Chivo* muestra un mundo del que no es posible salir limpio: todos quedan ensuciados por la dictadura. Urania, por ejemplo, considera a su padre culpable, a pesar de que terminó destruido por Trujillo. Incluso si todos son culpables, hay distintos grados de culpabilidad: hay colaboración pasiva y activa, hay personajes maquiavélicos y otros completamente cínicos.

MVLL: Es cierto: hay un sector de la sociedad dominicana en el que es muy difícil establecer el grado de responsabilidades. Hay un poema de Bertolt Brecht que dice: «¡Ay del país que necesita héroes!». Es terrible que un país necesite héroes porque éstos son siempre una minoría ínfima, una excepción a la regla. Se necesita un carácter muy especial para estar dispuesto a perder la vida, a sufrir torturas, a darlo todo en nombre de un principio.

La cuestión de la responsabilidad de las gentes comunes y corrientes es más complicada. Imaginemos, por ejemplo, un pobre hombre muy trabajador que destaca en su propia profesión, y un día el dictador lo llama y le impone un cargo público. Ese hombre no puede negarse, porque va preso o lo matan. ¿Cuál es su responsabilidad? Tiene una responsabilidad sin ninguna duda, pero no es la misma que tiene un torturador. Establecer con certeza el grado de responsabilidad de cada ciudadano se vuelve prácticamente imposible. Eso es lo terrible de una dictadura, que ensucia a todo el mundo. El país entero resulta partícipe en la corrupción y en los crímenes. Es la gran tragedia de los países que han tenido una larga tradición de dictadores.

Allí hay una frontera que es indiscernible. Algunos colaboraban por miedo, otros lo hacían por convicción: estaban convencidos de que Trujillo había puesto orden en ese país que siempre había sido un caos. Es verdad que, con Trujillo, la República Dominicana vive un periodo de prosperidad económica: hay trabajo, y hay paz, aunque se trata de la paz de los sepulcros, de esa paz del cementerio. No había ladrones, las casas no se cerraban con llave; uno podía salir a caminar por todas partes y nadie lo asaltaba. Esa seguridad es uno de los efectos secundarios de la dictadura. Los franquistas, por ejemplo, dicen lo mismo: «Con Franco aquí había paz, uno caminaba por cualquier sitio y nadie lo asaltaba, pero ahora con la democracia a uno lo atracan, se le meten a la casa los ladrones». La justificación de las dictaduras siempre se hace en nombre del orden, en nombre de la paz.

VICTORIA NAVARRO: Si la dictadura mancha a toda la población, es irónico que Trujillo esté tan obsesionado con la limpieza: le gustaban los uniformes bien planchados y las camisas blancas. Y también hay un ejemplo de limpieza étnica: hizo una masacre para limpiar la República Dominicana de haitianos. ¿Era una forma de querer limpiarse de la suciedad moral y política?

MVLL: Trujillo era como un íncubo. Tenía que estar siempre muy limpio, él que estaba manchado de pies a cabeza. Ver a un militar con un uniforme al que le faltaba un botón lo enloquecía, lo ponía rabioso. Ordenaba castigos terribles contra los militares que no traían bien lustrados los zapatos.

HAITÍ

RG: En la novela aparece, como trasfondo, la relación tan complicada que ha tenido la República Dominicana con Haití.

MVLL: Los haitianos ocuparon durante veintidós años la República Dominicana y en ese tiempo introdujeron reformas importantes. Fueron los que abolieron la esclavitud. Pero también dejaron una serie de traumas: los dominicanos creen, por ejemplo, que durante la ocupación los haitianos violaron a todas sus mujeres. Es una pesadilla que tiene que ver con el sexo, como en todos los países machistas, pero también con la raza. De cualquier manera ese episodio ha quedado grabado en el inconsciente dominicano, como una especie de reclamo contra los haitianos. La gente dice que los haitianos son muchos, que se siguen reproduciendo y que van a ser tantos que un día terminarán por ocupar la República Dominicana. Este miedo a Haití está muy arraigado en el subconsciente dominicano, por desgracia, porque se viene arrastrando desde hace más de un siglo.

La masacre de haitianos que ocurre en 1937 —conocida como la masacre del Perejil— es uno de los episodios más grotescos de la dictadura dominicana. Se cuenta que Trujillo lo decidió en una borrachera. Estaba con sus ministros en una comida donde ya había corrido mucho alcohol y alguien sacó el tema de los haitianos. En ese momento él dio la orden: «Empiecen a matar haitianos. Todos los que estén ilegales, mátenlos». Lo que no se imaginó Trujillo es que esa orden, que él dio a la policía, provocaría una especie de contagio y que el país entero se pondría a matar haitianos. Por eso la matanza fue feroz, porque la gente en las haciendas, en los pueblos, se lanzó contra los haitianos y asesinó casi a cuarenta mil.

A Balaguer le tocó arreglar las cosas y fue a entrevistarse con el presidente de Haití. Lo que ocurrió después es tan grotesco que parece la invención de un mal novelista. Balaguer negocia con el presidente haitiano, y éste acepta que lo desagravie pagándole unos cuantos dólares por muerto, por un total de medio millón de dólares, depositados a su nombre en un banco de Estados Unidos. O sea que la masacre de sus ciudadanos le permite al presidente Sténio Vincent, otro dictadorzuelo, meterse al bolsillo una pequeña fortuna. Esa operación, fruto del maquiavelismo de Balaguer, resuelve el problema. Haití renuncia a hacer cualquier protesta internacional por la matanza, porque al presidente lo compran. Es una de las grandes victorias diplomáticas de Balaguer.

Ese odio de Trujillo hacia los haitianos también tenía otra explicación. La madre de Trujillo fue una haitiana sumamente sencilla, discreta, que no levantaba la voz, y él la trataba por supuesto con una gran reverencia, con un gran cariño, a pesar de que se avergonzaba de su sangre haitiana. Quería ser blanco y se ponía cremas para disimular sus facciones mulatas. Quería a su madre pero odiaba a los haitianos.

Hace unos años el Congreso dominicano aprobó una ley monstruosa que declaraba que todos los dominicanos que habían obtenido la ciudadanía por nacionalización, si no podían demostrar que sus ancestros habían entrado legalmente al país, perdían su nacionalidad. El resultado fue que cerca de doscientos mil dominicanos de origen haitiano, que llevaban dos o tres generaciones viviendo allí, que siempre se habían sentido dominicanos, que no hablaban ni francés ni creole, de la noche a la mañana quedaron convertidos en parias. Hubo una movilización internacional muy fuerte y hasta las Naciones Unidas intervinieron.

Esa disposición era clarísimamente racista —se parecía mucho a las leyes de Hitler en Alemania— pero tuvo el apoyo de la población. Recuerdo que escribí un artículo muy fuerte, criticando al gobierno dominicano, y el resultado fue que me quemaron en efigie en la República Dominicana. Ese tipo de reacción no ocurrió cuando publiqué *La Fiesta del Chivo,* pero sí cuando protesté contra esa ley discriminatoria.

TRUJILLO Y LOS ESTADOS UNIDOS

LN: Otro trasfondo político en *La Fiesta del Chivo* es la posición de los Estados Unidos frente a América Latina. En la República Dominicana, por ejemplo, los norteamericanos apoyaron al dictador mientras proclamaban las virtudes de la democracia en otros contextos.

MVLL: Son los años de la Guerra Fría y Estados Unidos considera que en América Latina las dictaduras militares son una mejor defensa contra el comunismo que las democracias. Yo creo que es una política totalmente equivocada, pero ésa es la idea que prevalece durante la posguerra, y es la razón por la cual Estados Unidos, siendo una democracia, apoya las dictaduras latinoamericanas: apoya a Somoza, apoya a Trujillo. Eso empieza a cambiar con Kennedy, que hace un esfuerzo por apoyar gobiernos democráticos e intenta distanciarse de las dictaduras.

El problema de Trujillo con los Estados Unidos no giraba en torno a la democracia. El problema es que él manda asesinar a Jesús de Galíndez, un opositor que creía era vasco pero que resultó ser ciudadano norteamericano, y eso le crea un problema monumental. Ésta es una historia crucial para el desmoronamiento de la dictadura. Hay que recordar que Galíndez era un exiliado español, porque ésa fue otra de las farsas de Trujillo: recibió, como también lo hicieron los gobiernos de México y Argentina, a centenas de republicanos españoles para demostrar que apoyaba la democracia. Hay muchas dictaduras latinoamericanas que se niegan a recibir republicanos españoles durante la Guerra Civil. En el Perú, por ejemplo, el dictador Benavides les cierra la puerta.

Trujillo, en cambio, recibe un barco de republicanos españoles, y entre ellos viene Jesús de Galíndez, un vasco destacado, que luego acepta un puesto en el gobierno y queda horrorizado con lo que ve: toma nota, registra los detalles de los abusos que presencia y luego, con un pretexto, hace un viaje a los Estados Unidos, donde se queda a estudiar. Se nacionaliza norteamericano —algo que no sabía Trujillo—, y publica un libro sobre la dictadura dominicana que presenta en la Universidad de Columbia. Trujillo enfurece porque el libro habla de sus hijos —él toleraba que se metieran con su régimen, pero no con su familia— y manda secuestrar a Galíndez en Estados Unidos para luego asesinarlo. *The New York Times* hace una investigación y descubre que los agentes de Trujillo raptaron a Galíndez en la Quinta Avenida de Nueva York y lo sacaron clandestinamente del país, en violación directa de las leyes norteamericanas.

Ése es el principio del fin, porque Estados Unidos hace que boten a Trujillo de la OEA. Antes había tenido el apoyo de Washington porque su régimen era visto como un baluarte en la lucha contra el comunismo. Trujillo se aprovechaba y tildaba a todos sus opositores de comunistas: así podía encarcelarlos y disfrazar la represión como parte del combate contra la influencia de la Unión Soviética. Lo mismo pasaba en casi todas las dictaduras latinoamericanas de la época.

Después de ese momento, los gobiernos democráticos de América Latina —el de Venezuela y el de Costa Rica— empiezan a atacar a Trujillo ferozmente. Y a partir de allí la dictadura se desmorona. La respuesta de Trujillo también es monstruosa: comete una serie de crímenes para borrar la historia de Galíndez.

LA RECEPCIÓN DE LA NOVELA

RG: ¿Cómo fue recibida *La Fiesta del Chivo* en la República Dominicana? Me imagino que provocó un debate político muy fuerte.

MVLL: Yo quise ir a lanzar el libro allá y preparamos una edición especial. Cuando se anunció que yo iba a presentar la novela, los trujillistas publicaron un aviso pagado en *Listín Diario* que decía: «Si viene Vargas Llosa, le vamos a dar una galleta». Pero fui y presenté el libro y no tuve ningún problema. A la presentación llegó muchísima gente y no hubo un solo grito hostil. La presenté no sólo en Santo Domingo sino también en Santiago de los Caballeros, y tampoco allí hubo incidentes. Firmé libros en lugares públicos y nunca nadie me insultó ni trató de ofenderme. Hubo declaraciones de algunos trujillistas en los periódicos contra mí, diciendo que era mentira, que eran exageraciones.

Un antiguo trujillista, que fue uno de mis mejores informantes, hizo unas declaraciones rabiosas diciendo que todo era mentira aunque muchas de las cosas que le molestaban me las había contado él mismo. Quería curarse en salud. Pero no tuve ningún acto de agresión física. Para ese entonces, ya lo que quedaba de trujillismo era insignificante y creo que había una conciencia bastante arraigada de que aquello había sido un horror, una de las experiencias más trágicas que haya vivido un país latinoamericano.

RG: ¿Y tuviste encuentros con la clase política, con los gobernantes?

MVLL: Sí, claro que sí.

RG: ¿Cómo reaccionaron ellos? ¿Tenían curiosidad? ¿Les parecía un tema tabú?

MVLL: En la República Dominicana ya se había producido la conversión. Muchos trujillistas habían dejado de serlo y se habían vuelto rabiosamente antitrujillistas, para intentar borrar y hacer olvidar su pasado. Pero sí tuve muchas reuniones. Durante el proceso de investigación visité a muchos políticos dominicanos. Quizá las entrevistas más interesantes fueron con Balaguer, que en ese momento seguía siendo presidente de la República. En una de las conversaciones recuerdo haberle dicho: «Pero, doctor Balaguer, hay algo que yo no entiendo: usted es una persona culta. Es una persona leída. Usted ha escrito libros de poesía, ha escrito libros de historia. ¿Cómo es posible que durante treinta y un años usted estuviera al lado de un bandido, de un asesino, de un ignorante, rodeado de pistoleros, de gánsteres? ¿Cómo podía usted...?». Él, que ya estaba casi ciego, no se inmutaba. Me dijo: «Mire, yo tenía siete hermanas a las que tenía que mantener, siete. Yo era un abogado recién recibido y pobre. Y yo quería hacer política. ¿Qué clase de política se podía hacer en la República Dominicana que no fuera con Trujillo? No había otra política. Las opciones eran: o con Trujillo o en la clandestinidad, exponiéndose a que a uno lo echaran del país, lo torturaran o lo mataran. Y no podía permitirme ese lujo». Entonces me dijo: «Me fijé dos reglas. Primera: no voy a participar nunca en una orgía de Trujillo. Y lo he cumplido. Jamás fui invitado a ninguna de sus fiestas». Y parece que eso todo el mundo se lo reconocía. Se había quedado soltero, había sido un hombre extremadamente púdico.

«Ésa es la primera —siguió—. Y la segunda regla que me impuse era que no iba a robar. Yo no he robado nunca y no tengo nada, salvo esta casa que me regaló el Jefe, porque nadie podía rechazar sus regalos. Pero no tengo nada más. No tengo un centavo ahorrado y he vivido siempre de mi sueldo». Y era verdad. A Balaguer no le interesó robar, no le interesaban las orgías, no le interesaban las mujeres. Lo único que le interesaba era el poder y siempre estuvo en el poder. Consiguió incluso engañar a Trujillo, haciéndole creer que carecía de ambiciones, y Trujillo lo puso de presidente. De hecho, era presidente de la República —aunque presidente fantoche— cuando matan a Trujillo.

Y este hombre tan astuto, tan absolutamente maquiavélico, que había sido el brazo derecho de Trujillo, consigue, después de la muerte del Jefe, convertirse en el hombre que democratiza la República Dominicana, que trae la libertad, que convoca las primeras elecciones. Es un personaje fascinante que podría ser el protagonista de otra novela. Fue muy interesante conversar con él porque contaba muchas cosas de Trujillo.

Me contó que Trujillo había dado orden de que nadie sacara plata de la República Dominicana en el momento en que comenzaron los problemas con los Estados Unidos. Eso resultó gravísimo para la familia, que quería tener cuentas afuera, porque sentían que el tiempo se les estaba acabando. Balaguer jugó un papel fundamental allí: a ocultas de Trujillo y en complicidad con la señora de Trujillo, comienza a sacarles dinero. Y luego ocurrió una historia maravillosa. La mujer de Trujillo era una avara. Ella desconfiaba no sólo de Trujillo sino también de sus hijos y quería que el dinero quedara sólo a nombre suyo. Entonces Balaguer le ayuda, le saca dinero y se lo deposita en bancos suizos, sin que sus hijos se enteren. Y por otra parte, a Ramfis y a Radhamés también les saca dinero a ocultas del padre para depositarlo en cuentas aparte. Cuando matan a Trujillo y los hijos se exilian, le piden desesperadamente a la madre que les diga dónde están las cuentas secretas. Y aparentemente ella, tras el trauma del asesinato de su marido, sufre de una arterioesclerosis avanzada y se olvida de los números y de las claves. Durante mucho tiempo Ramfis, Radhamés y Angelita, los tres hermanos, pasean a la madre por el mundo, tratando que recuerde el número de esas cuentas. Y finalmente la mujer se muere sin revelar las claves y la fortuna que ella había sacado se la queda el banco. Es una historia maravillosa: Trujillo financiando a los banqueros suizos, enriqueciéndolos con el dinero que les robó a los dominicanos.

La historia de los hijos también es alucinante. Vale la pena recordar la historia de Radhamés, que era el idiota de la familia. Ramfis era inteligente —era un fresco, un bandido, pero inteligente—. En cambio el hermano menor era un imbécil: cuando escapa se va a España y hace negocios con unos personajes que le roban hasta la camisa. Pierde todo lo que tenía y de allí se va a Panamá, donde vive muy modestamente. Y un día desaparece. Entonces se hacen averiguaciones para saber qué pasó con el hijo del General. En ese momento aparece un aviso en un periódico colombiano que decía: «El señor Radhamés Trujillo Martínez, que trabajaba en nuestra organización, pretendió estafarnos. Ha sido traído clandestinamente a Colombia, juzgado, declarado culpable y ejecutado». Resulta que Radhamés trabajaba para la mafia colombiana y quiso burlar a los capos, pero como era bruto se hizo pescar: lo raptaron, lo llevaron a Colombia y lo mataron. Bueno, ésa es la historia oficial de Radhamés Trujillo, aunque en la República Dominicana dicen que todo eso fue inventado, que el hijo del dictador no era tan idiota como se creía, que él mismo difundió esa historia pero que en realidad lo que ocurrió fue que se hizo una cirugía plástica para cambiar de cara, y que al final se fue a Suiza a disfrutar de sus dineros.

El hermano mayor —que era más inteligente, pero también un bandido de la peor especie— muere en circunstancias sospechosas, en un accidente de auto, al amanecer, frente al aeropuerto de Barajas en Madrid. En esa época Ramfis había invitado a varios generales dominicanos a que lo visitaran en España y se decía que estaba formando una conspiración. Una de las leyendas sobre su muerte asegura que el accidente fue fraguado por Balaguer y financiado por la CIA para evitar que resucitara el trujillismo.

Hay una última anécdota muy divertida, sobre la hija del dictador, Angelita. Ella había estado casada con el coronel Luis José León Estévez, que era otro bandido. Cuando cae su padre, ella se va con sus hermanos a Europa y años después se traslada sola a Miami, donde se convierte al protestantismo y se hace una *born again Christian*. Se la veía los sábados y los domingos cantando himnos bíblicos en los barrios haitianos de la periferia de Miami. Ésa es la historia de Angelita Trujillo.

La historia de los hijitos es casi tan divertida como la historia del papito. Hay muchas leyendas, pero lo interesante es que la saga de Trujillo continúa y continúa y continúa.

RG: ¿Hablaste con miembros de la familia Trujillo en algún momento de la investigación?

MVLL: Sí. Cuando presentamos el libro en Madrid llega una mujer joven que se me acerca y me dice: «Mucho gusto en conocerlo, yo soy fulanita Trujillo». Le pregunto: «¿Usted se apellida Trujillo?», y ella responde: «Yo soy nieta de Trujillo. Soy hija de Ramfis Trujillo». Le dije que me sorprendía mucho que una nieta asistiera a la presentación de un libro tan crítico sobre su abuelo, pero ella contestó: «Yo sé que esas cosas son ciertas, que mi abuelo hacía esas barbaridades». Me contó que vivía en Madrid y que se ganaba la vida como profesora de baile flamenco. Era hija de Ramfis Trujillo y de su primera mujer, Octavia.

EL LENGUAJE DE LA DICTADURA

RG: *La Fiesta del Chivo* demuestra cómo se usa el lenguaje en una dictadura. Hacia el final de la novela, cuando se está fraguando la violación de Urania, Manuel Alfonso le cuenta al senador Cabral lo que va a ocurrir con su hija, describiéndolo como si se tratara de un grandísimo honor y usando un lenguaje heroico, épico, con tonos casi religiosos para describir una brutalidad.

MVLL: Una violación cruda.

RG: Es un tema que ya habíamos visto en *Conversación en La Catedral:* el uso de un lenguaje exaltado para encubrir actos sucios.

MVLL: Leer las revistas o periódicos dominicanos de la época de Trujillo es entrar en la irrealidad, en un mundo de terror que las palabras disfrazan hasta convertirlo en su antípoda, en un país feliz, ordenado, pacífico, seguro. Ésa es la imagen que dan las revistas, que

daban los medios en general de la República Dominicana, y que todavía tienen algunos trujillistas: que el
régimen fue una sociedad ordenada en la que no había
ladrones ni criminales.

ASCO Y DICTADURA

RG: Hay otro tema que está muy presente en casi
todas tus novelas: el asco. En *Conversación en La Catedral* Amalia siente asco cuando descubre el sexo; Hortensia dice que don Fermín le da asco. Pero en ningún
libro está tan trabajado el concepto del asco como en
La Fiesta del Chivo. La novela no sólo describe el asco
como tema, sino que logra producir esa sensación en
el lector —y que permanece mucho tiempo después
de la lectura—. Hay muchos episodios que producen
asco: la violación de Urania, pero también detalles
como la descripción del cuerpo del Constitucionalista
Beodo, que es un gordo con las orejas cubiertas de pe-
los, grasoso y con una gran papada, que además usa un
lenguaje igualmente repugnante, lleno de latinajos.
Quería preguntarte por ese trabajo con el asco. ¿Fue
algo consciente o fue algo que se fue dando?

MVLL: A mí las dictaduras me producen una gran
repugnancia y los dictadores siempre me han parecido
personajes grotescos. Además han hecho tanto daño, han
hundido y arruinado a tantos países: han sido la tragedia
de América Latina. Y todas tienen un aspecto físico grotesco: las mentiras, las razones con que se justifican, la du-
plicidad en que obligan a vivir a los ciudadanos, la irrealidad que se crea en la prensa, en los discursos, en la vida

oficial. Todo se vuelve una gran farsa. Ese sentimiento de repugnancia se transparenta en las novelas y cuaja en algunos personajes y en algunas situaciones.

El crítico chileno David Gallagher escribió un ensayo sobre *Conversación en La Catedral* que me impresionó mucho. Trata de demostrar que la idea central de la novela es que el poder es sucio, que produce una especie de pus que llega a infectar a toda la sociedad. Y él demuestra con muchos ejemplos que esa podredumbre afecta incluso la prosa de la novela. El lenguaje, cuando se acerca al poder, se ensucia: se vuelve más vulgar, utiliza símiles o símbolos de lo asqueroso.

Yo jamás pensé eso ni lo hice conscientemente, pero los ejemplos que da me parecen muy convincentes. Los personajes, a medida que se aproximan a los poderosos, van hablando de una manera cada vez más enredada y menos coherente. Hay como un desbarajuste del vocabulario, de la frase. Y cuando se aleja del poder la prosa vuelve a ser más elocuente, más transparente. Eso muestra el estado de ánimo en el que yo escribí esa historia.

RG: Entre los pasajes de *La Fiesta del Chivo* que producen un sentimiento de repugnancia en el lector destacan las escenas de tortura. Es una diferencia importante entre esa novela y *Conversación en La Catedral,* en donde nunca vemos directamente la tortura: el lector sabe que hay violencia pero nunca tiene un acceso directo al momento en que ocurre.

MVLL: En República Dominicana tuve acceso a testimonios muy directos, de viva voz, de gentes que padecieron la tortura. Además, la violencia no se utilizó de una manera tan sistemática en la dictadura de Odría: en el Perú la tortura era más cruda, era más una fabricación del instante. En el caso de la República Dominicana fue casi científica, gracias al personaje de Johnny Abbes.

Johnny Abbes es la contraparte de Cayo Bermúdez y ambos están inspirados en modelos reales. Todas las dictaduras crean ese tipo de personaje que desde la sombra ejerce una facultad muy oscura que consiste en organizar la represión, en usar la violencia, el miedo y la tortura para sostener al régimen. Generalmente se trata de seres anodinos, que fueron insignificantes hasta el momento en que toman el poder y se convierten en monstruos. Es como si llevaran dentro un demonio que sólo se manifiesta en el momento en que llegan a la cúspide del poder, y a partir de allí se vuelven imprescindibles para el dictador.

PASADO Y FUTURO DE LAS DICTADURAS

MC: *Conversación en La Catedral* y *La Fiesta del Chivo* son dos novelas sobre dictaduras que tratan momentos históricos muy diferentes: la primera se publica en 1969 y retrata el Perú de los años cincuenta; la segunda se publica en 2000 y describe una dictadura que terminó en 1961. ¿Qué significa narrar una dictadura tantos años después de que ha terminado? En especial en el caso dominicano, porque en 2000 ya había un gobierno democrático.

MVLL: El contexto de la República Dominicana en el año 2000 es muy distinto al del Perú cuando se publicó *Conversación en La Catedral* en 1969. Pero el tema de la dictadura, por desgracia, nunca dejará de tener actualidad. ¿Cuántas dictaduras hay? En América Latina hay ahora muchas menos de las que había, pero en el mundo todavía queda una gran cantidad. Ningún país, por más avanzado que sea, está totalmente vacunado contra una dictadura. Siempre existe la posibilidad de que, a pesar de las instituciones, llegue al poder un demagogo o un fascista. ¿Quién hubiera imaginado en la época de Rómulo Betancourt que Venezuela caería en lo que es hoy el gobierno de Nicolás Maduro? Venezuela parecía un país que había entrado en democracia, que respetaba las instituciones, que era inseparable de la legalidad. Se había librado de la dictadura de Pérez Jiménez, había logrado una continuidad democrática. Es cierto que había mucha corrupción, desgraciadamente, pero nadie hubiera imaginado que Venezuela iba a caer en una dictadura. También en Chile parecía imposible. Chile era un país muy democrático, con una cultura legalista, y nadie hubiera pensado en los años cincuenta o sesenta que una figura como Pinochet llegaría al poder.

La dictadura no es un fenómeno del pasado. Sigue ahí, muy presente, como un peligro latente que puede manifestarse en cualquier momento. De entre todas las instituciones de la civilización, la democracia es una de las más frágiles: es una película muy fina que puede romperse y dejar al descubierto la tradición más antigua de la humanidad, que es la dictadura. La democracia es un fenómeno moderno, muy reciente y muy localizado. La tradición arcaica es el garrote, la fuerza bruta, el autoritarismo.

RG: Mario, si te animaras a escribir una novela más sobre un dictador, ¿a quién elegirías? ¿Qué otro dictador te gustaría explorar a través de la ficción?

MVLL: En el futuro probablemente los dictadores no serán esos espadones con la pistola al cinto que se dieron en el siglo XX. Las dictaduras del futuro serán burocracias tecnológicas, muy avanzadas, que poco a poco irán expropiando la soberanía de los individuos. En manos del poder la tecnología puede ejercer la dictadura de una manera casi invisible, manteniendo las apariencias de la legalidad. Es una amenaza muy real y muy seria, contra la cual no tenemos armas para luchar. El mundo de hoy produce cada vez más especialistas y menos humanistas, más tecnócratas y menos intelectuales. Esta situación abre el camino para el tipo de dictaduras que imaginaron George Orwell y otros. La dictadura del futuro será prácticamente invisible y resultará muy difícil de combatir.

La tecnología puede crear ese tipo de dictadura si no la humanizamos: se trata de una tecnología cada vez más autónoma, más poderosa, más extendida. Para escribir sobre una dictadura de nuestro tiempo, tendríamos que pensar en una dictadura de esa índole. Las dictaduras tipo Trujillo son cada vez más anacrónicas, aunque quedan algunas: Robert Mugabe, por ejemplo, ese Trujillo africano que lleva cuarenta años en el poder.

8. La amenaza del terrorismo en el siglo XXI

El 19 de noviembre de 2015, seis días después del atentado en que un grupo de terroristas asesinó a decenas de jóvenes en la sala de conciertos del Bataclan en París, organicé un encuentro en Princeton para hablar del papel del intelectual frente a la amenaza, cada vez más real, del terrorismo. Participó, además de Mario Vargas Llosa, el periodista Philippe Lançon, que resultó gravemente herido durante el ataque a la redacción del semanario satírico Charlie Hebdo.

Charlie Hebdo *se había convertido en uno de los principales objetivos del terrorismo islámico desde que el semanario decidió reproducir las caricaturas del profeta Mahoma que habían causado una gran controversia en Dinamarca. Desde entonces las oficinas de* Charlie Hebdo *y varios de sus colaboradores contaban con protección policial. El 7 de enero de 2015 dos terroristas irrumpieron en las oficinas y asesinaron a casi todos los miembros de la junta de redacción. Philippe Lançon pasó varios meses internado en el hospital y, después de someterse a trece operaciones, viajó a Princeton en noviembre de 2015 para su primer acto público después del atentado.*

PHILIPPE LANÇON: Como marco a nuestro debate sobre el terrorismo me gustaría contar cómo era una reunión del consejo editorial de *Charlie Hebdo*. Hasta 2015, éramos un periódico de baja circulación —un semanario izquierdista de caricaturas, con un tiraje de treinta mil ejemplares— pero que ocupó un lugar importante en la historia de la prensa satírica en Francia.

El 7 de enero de 2015 tuvimos la primera reunión del año del consejo de redacción y había más gente que de costumbre, aunque seguía siendo un grupo muy pequeño de colaboradores y amigos, liderado por el caricaturista Charb. Ese día tuvimos una discusión muy intensa sobre *Sumisión,* la novela de Michel Houellebecq, que se imagina un futuro en que un partido islamista llega al poder en Francia. A mí me pareció muy bueno y divertido, pero muchos lo consideraron un libro racista y de mal gusto, en parte por la historia tan complicada que Francia ha tenido con las minorías árabes. Ése fue el tema principal del día y la discusión fue muy apasionada.

Cabu, que era uno de los caricaturistas más importantes del medio, habló en contra de la novela y criticó a Houellebecq, que consideraba como un reaccionario y un fascista. Todos en el periódico estábamos muy molestos por lo poco que el Estado había hecho por los habitantes más pobres de las orillas, muchos de ellos de origen árabe o africano que no habían logrado integrarse a la sociedad francesa.

Luego, alrededor de las once de la mañana, otro colega, el caricaturista Tignous, habló con mucha elocuencia sobre cómo estas minorías estaban viviendo en una situación económica y cultural muy precaria, sin que la sociedad o el Estado se interesara en ellas. Le respondió Bernard Maris —un economista muy reconocido que publicaba en *Charlie* bajo el seudónimo de Oncle Bernard—, diciendo que eso no era cierto, que durante los últimos treinta años Francia había hecho todo lo posible por ayudar a las minorías. Tignous no estaba de acuerdo: él se había criado en las orillas y había visto a muchos de sus amigos caer en la miseria más absoluta. Fue muy duro y muy elocuente en su respuesta a Maris.

Después de esa pelea, como sucedía siempre, alguien hizo una broma y todos se rieron. Terminó la reunión y yo estaba por salir, pero llevaba conmigo un libro sobre los músicos de jazz que habían tocado en el Blue Note, con fotos de Francis Wolff, y me quedé unos minutos más para mostrárselo a Cabu, que era un gran apasionado del jazz. Eso me salvó la vida, porque me quedé dos minutos más en la sala de redacción. Si en ese instante hubiera salido de allí, me habría topado con los dos asesinos en el pasillo y seguramente me habrían matado en el acto.

Así que hasta ese momento había sido un día como todos los otros en un periódico que funcionaba como todos los periódicos de París. De repente se abre la puerta y entran a la sala de redacción dos tipos enmascarados, vestidos de negro, con metralletas. Parecían terroristas de caricatura. Oí los disparos, que sonaban como petardos o cohetes, y luego los gritos de una mujer. Éramos doce, atrapados en una sala que no medía más de veinticinco metros cuadrados. No teníamos salida porque los asesinos habían entrado por las dos puertas y comenzaron a disparar antes de que pudiéramos darnos cuenta de lo que estaba pasando. Yo estaba, junto con dos de mis amigos, en la parte trasera de la sala, así que caí al piso antes de que los asesinos se acercaran.

Creo que ya estaba herido cuando caí al piso. Desde allí pude oír a los asesinos, que avanzaban despacio, deteniéndose frente a cada uno de mis amigos, para rematarlos con un tiro. Disparaban, avanzaban y repetían «*allah u akbar*» antes de dar otro paso y otro disparo. Fue una masacre, dirigida de manera muy precisa a cada miembro del equipo. Solamente cuatro de los que estábamos en la sala nos salvamos, y me he preguntado por qué. Tres de nosotros estábamos heridos y nos hicimos los muertos: estábamos despiertos y conscientes pero nos mantuvimos inmóviles. En ese momento pensé que los asesinos no eran profesionales, porque no se les ocurrió rematarnos para asegurarse de que nadie saliera con vida. Pero sí asesinaron a los otros, entre ellos a Tignous, que siempre había defendido a las minorías y a los pobres de las orillas y no se enteró de que fueron dos de ellos quienes lo asesinaron.

Pensé en el simbolismo de esa sala: de un lado teníamos un grupo de periodistas y caricaturistas inmersos en un debate, intenso y democrático, sobre sociedad y política; y del otro, dos jóvenes que sólo sabían usar las balas y tres palabras —«*allah u akbar*»— para expresar sus ideas, si es que se puede hablar de ideas.

Al otro día, la prensa internacional habló mucho de la libertad de expresión y algunos críticos opinaron que *Charlie* había ido demasiado lejos en sus caricaturas del profeta Mahoma, aunque de hecho el periódico no le dedicó más de seis portadas al Profeta en un periodo de diez años. Ahora sabemos, después de los otros ataques terroristas en Francia, que el problema no tiene que ver con el Profeta ni con las caricaturas: se trata de un ataque en contra de un modo de vida y de un pensamiento democrático.

Otros, en Francia y en Estados Unidos, opinaron que es necesario establecer límites a la libertad de expresión. Pero lo que entendimos el día del ataque a *Charlie* —y lo que se confirmó en los ataques posteriores— es que la libertad de expresión es la primera de las libertades. Es decir: no podemos pensar en otras libertades ni entender cómo organizarlas si no tenemos la posibilidad de hablar libremente sobre ellas. Y esto deja de ser posible si pensamos que en ciertos casos incómodos la libertad de expresión va «demasiado lejos», porque ¿quién decide y cómo se decide en dónde está el límite de lo permisible? De una manera horrible los asesinos nos recordaron que todas las libertades están vinculadas y que la primera de ellas es la libertad de expresión. Hay una coherencia —aunque terrible y sangrienta— en su forma de actuar: comienzan en las oficinas de *Charlie,* con un ataque mortífero contra la libertad de expresión, que es la primera de las libertades, y luego, el 13 de noviembre en el Bataclan y en los cafés, atentan contra otra de las libertades fundamentales, que es la de asociación, la posibilidad de reunirse pacíficamente con quien uno quiera. Por eso creo que hay un vínculo directo, no sólo político sino también existencial, entre los dos ataques. El ataque a *Charlie* sirvió para allanar el camino a ese segundo atentado contra una manifestación pacífica.

MARIO VARGAS LLOSA: Estoy totalmente de acuerdo: yo también creo que es una libertad de la que dependen todas las otras libertades. Cuando desaparece la libertad de expresión todas las otras libertades se ven amenazadas. Eso le da al poder un arma para silenciar la crítica y para imponer un tipo de conducta. La única defensa que tiene la sociedad frente a los abusos del poder es la libertad de expresión. Esta libertad es la única garantía de que las otras libertades puedan existir en una sociedad.

RUBÉN GALLO: Mario: días después del ataque a *Charlie Hebdo* tú publicaste un artículo en *El País* sobre el terrorismo, que es un tema que has tratado en muchas de tus novelas, aunque siempre en el contexto latinoamericano. ¿En dónde estabas cuando te enteraste de este ataque? ¿Cuál fue tu primera reacción?

MVLL: El día de los atentados yo estaba en Madrid. Inmediatamente pensé en mis amigos de París, entre ellos varios periodistas. Lo primero que sentí fue horror ante la tragedia. Luego pensé en la extraordinaria paradoja de que eso ocurriera en la ciudad que había inventado los conceptos modernos de libertad, de tolerancia, de coexistencia en la diversidad. Pensé en esos periodistas de *Charlie Hebdo*, esa revista ferozmente cómica, que estaban a la vanguardia de la libertad de expresión, porque su trabajo era irreverente y la irreverencia es una de las mayores conquistas de la civilización, uno de los mayores logros de la democracia, que nos ha costado muchas batallas.

Así que por un lado tenemos la democracia que permite una libertad de expresión irreverente y, por el otro, a dos fanáticos armados de metralletas que asesinan a un equipo de periodistas solamente porque en su trabajo han utilizado esa libertad que es uno de los logros más importantes de la cultura. Sería un gran error pensar que ese atentado fue algo excepcional, sin precedentes, porque de hecho la barbarie y la violencia de las que se vale el fanatismo son probablemente las tradiciones más antiguas en la humanidad. Nuestra historia está llena de este tipo de fanáticos, convencidos de que su verdad es la única aceptable, y dispuestos a matar a toda persona que los contradiga. Es una tradición antiquísima y la historia está llena de cadáveres y de sangre porque ésta ha sido una práctica constante desde el comienzo. Una diferencia importante es que en el pasado se trataba de un dogma religioso y en los tiempos modernos lo que está en juego es una ideología política, aunque en este tipo de terrorismo se funden la ideología y la religión. Lo único que ha cambiado son las armas. En el pasado los fanáticos tenían una capacidad limitada para destruir porque sus armas no eran tan eficientes como las nuestras. Hoy en día las metralletas y los explosivos pueden producir masacres como las que ocurrieron en los atentados de Atocha en Madrid, en el Bataclan de París, o en las Torres Gemelas en Nueva York. Ésta es una de las principales razones para estar muy preocupados. La proliferación de armas, cada vez más destructivas y más eficientes en sus objetivos homicidas, es tal que el tipo de destrucción que los fanáticos pueden producir es prácticamente ilimitado.

¿Pero qué debemos hacer? Por supuesto, tenemos que defendernos. No hay duda de que tenemos que defender la civilización contra la barbarie. Pero es muy importante que nuestra defensa de la civilización no atente contra los logros de la democracia, porque entonces estaríamos contribuyendo inconscientemente a la destrucción de la civilización que anhelan los terroristas. Y esto es algo que puede suceder, por ejemplo, si comenzamos a poner límites a la libertad de expresión porque consideramos que es uno de los sacrificios necesarios que tenemos que hacer para defender a nuestra sociedad. Como apuntó Philippe, hay personas que opinaron que *Charlie Hebdo* no tenía derecho a burlarse de la religión, de ridiculizar al Profeta en una caricatura. Pero si nos dejamos convencer por este tipo de argumentos, terminaríamos por aceptar la censura y eso destruiría una de las conquistas más importantes de nuestra sociedad.

La censura es el comienzo de cualquier dictadura, de cualquier tipo de régimen totalitario, porque provoca la desaparición del espíritu de crítica. En las sociedades democráticas la censura no es necesaria porque hay mecanismos para decidir los pocos casos en que la libertad de expresión transgrede la ley: el poder judicial existe para sancionar esos abusos dentro de un marco legal. La democracia significa vivir la política de manera cívica. Creo que una de las consecuencias más peligrosas del terrorismo es que puede llevarnos, sin quererlo, a destruir esta gran conquista de la civilización.

No debemos aceptar las reglas del juego del terrorista. No debemos aceptar la idea de que ciertos temas están al margen de la libertad de expresión. Creo que es algo realmente importante hoy, cuando estamos enfrentados a ese terrorismo excepcional. Es muy importante resistir la tentación de pensar que para defender la libertad tenemos que sacrificar un grado de libertad, particularmente cuando se trata de la libertad de expresión. Es una consideración que debemos tener en mente después de experiencias como la que Philippe ha descrito con tanta emoción.

PL: Les recuerdo que *Charlie Hebdo* es un semanario satírico que surge de una tradición francesa muy antigua. Desde finales del siglo XVIII, por lo menos, Francia ha tenido caricaturistas violentos y divertidos, que se burlan de todos los poderes, de la religión católica y de personalidades de la política. El siglo XIX produjo caricaturas de todo tipo de personajes que representan el poder. Se trata de sátiras realmente agresivas, con un sentido del humor muy específico que conjuga el mal gusto con esa ironía que en francés llamamos *le second degré*. Así que *Charlie* pertenece a esta tradición. Después de los atentados escuché a algunas personas y escritores decir que las caricaturas de la revista eran malas: hacían un juicio moral sin conocer la tradición de la sátira francesa. No sé si algunas de estas caricaturas eran malas —eso es sólo una cuestión de gusto—, pero lo que sí sé es que el gusto individual no puede usarse para limitar la libertad de expresión.

RG: ¿Philippe, puedes hablarnos de los malentendidos que se dieron en el extranjero sobre lo que hacía *Charlie*? Pienso en algunas declaraciones de Joyce Carol Oates, del PEN Club, y de otros intelectuales en Estados Unidos, que argumentaban que la revista había atacado frontalmente la sensibilidad de los musulmanes.

PL: Sería importante recordar que *Charlie Hebdo* fue criticado desde 2006, cuando publicó las caricaturas del Profeta del periódico danés *Jyllands-Posten*. Yo recuerdo una discusión que tuve con Charb en ese momento: él me dijo que la mayor parte de esas caricaturas le parecían malas, pero que había que publicarlas por una cuestión de principios. Había caricaturistas amenazados de muerte por haber dibujado al Profeta y había que apoyarlos. Teníamos una idea muy clara de que no podíamos funcionar como árbitros del buen gusto pero sí como defensores de la libertad de expresión.

Después del atentado surgieron críticas muy fuertes, diciendo que no teníamos derecho a burlarnos del

Profeta, porque eso era un ataque contra los pobres musulmanes que ya, de por sí, eran los condenados de la tierra. Se nos acusó de racistas, lo que es absurdo, porque *Charlie Hebdo* se fundó en 1970 como una publicación absolutamente antirracista, en contra del colonialismo y de la guerra de Argelia.

Entiendo que se haya dado cierta confusión en el extranjero porque la cultura de la caricatura francesa, como he dicho, es muy específica y, por lo tanto, casi imposible de exportar. Después de la masacre de *Charlie*, la gran difusión de la revista por internet ha incrementado los malentendidos. De la noche a la mañana, esa revista tan francesa, que era leída fielmente por una pequeña minoría de franceses, se volvió famosa en todo el mundo y ahora llega a millones de lectores en todos los países —y muchas veces a gente que no puede entender este humor porque no conoce la tradición de la caricatura francesa—. Emiten un juicio moral sobre caricaturas que ven en una pantalla, amputadas de su contexto social y político, y con frecuencia falsificadas por charlatanes islamistas. Nosotros, los sobrevivientes de *Charlie*, vemos ahora cómo nuestro trabajo es leído por gente que no entiende en absoluto el humor negro ni la ironía. Hacemos bromas pero hay mucha gente que no se ríe y que piensa que debemos dejar de «insultar» al islam y al Profeta. Pero si *Charlie* deja de reírse de todo eso, dejaría de ser *Charlie*.

MVLL: Creo que es prácticamente imposible escribir sin ofender a alguien. Si un escritor es libre cuando escribe, su literatura irritará a ciertos lectores. Esto es inevitable si el escritor expresa libremente sus emociones, sus fantasías, sus metas. Lo importante es que los lectores entiendan que en una democracia hay ocasiones en que nos sentiremos irritados y furiosos con lo que leemos. El precio que pagamos por la libertad es vernos obligados a leer cosas que son inaceptables y repugnantes para nuestra visión del mundo. Pero de eso se trata la cultura de la libertad y la civilización. Es algo que no existía en el pasado. Poco a poco nos hemos ido educando para aceptar la diferencia, una diferencia que puede llegar a ser repelente para nuestras creencias y para nuestra visión de la ética y de la moral.

Pero en una democracia todos tenemos el derecho de ser distintos de los demás en nuestros usos, creencias y costumbres. Y esta manera civilizada de convivir a pesar de las diferencias es precisamente lo que los fanáticos quieren destruir.

Creo que la reacción de los franceses después del atentado contra *Charlie Hebdo* fue fantástica: una pequeña revista con un pequeño número de lectores y que estaba al borde de la bancarrota se convirtió, de la noche a la mañana, en una publicación de gran tiraje con difusión internacional.

PL: Sí. Antes del atentado teníamos treinta mil lectores, y ahora tenemos doscientos mil. La primera edición después del ataque tuvo un tiraje de cuatro millones.

MVLL: Fue una reacción fantástica por parte de los franceses. ¿Quieren destruir a *Charlie Hebdo*? Pues vamos todos a comprar esa revista, incluso si no nos gusta. Es decir: vamos a defender la democracia, el derecho a ser irreverente, el derecho a sentirnos incómodos con lo que leemos. Ése es el verdadero espíritu democrático. Los terroristas que actuaron en noviembre de 2015 querían destruir el derecho de la gente a escuchar un tipo de música que es incompatible con el fanatismo religioso y el derecho a congregarse en las terrazas de los bares para tomar una copa con los amigos. Y allí también la reacción fue fantástica: los *bistros* se llenaron aún más de gente, con millones de franceses que acuden a las terrazas de los bares y los cafés para defender ese derecho de asamblea. Ésa es exactamente la clase de reacción que debemos tener —reafirmar nuestros derechos— cuando ocurren actos bárbaros de este tipo.

También hay que pensar en la importancia de que estos ataques ocurrieran en París, en esa ciudad que para muchos de nosotros ha sido un mito. Para los escritores de mi generación París siempre fue la capital de la libertad, de la creatividad, del arte y la literatura, de las grandes ideas. París fue, además, el escenario principal de la Revolución francesa, que produjo una filosofía política de la democracia y la diversidad. Al atacar París, los terroristas quisieron destruir toda esta tradición de libertad, diversidad y tolerancia, que ha sido uno de los grandes logros de la civilización. Debemos defender esa tradición democrática oponiéndonos al terrorismo no sólo a través de una política eficiente, sino también protegiendo la cultura de la tolerancia.

RG: Ante la realidad de la amenaza terrorista, uno de los grandes debates, especialmente en Francia y en otros países europeos, ha girado en torno a la necesidad de limitar ciertas libertades durante un periodo indefinido. En Francia, por ejemplo, el presidente Hollande activó medidas de emergencia desde el ataque a *Char-*

lie Hebdo que le permiten al gobierno espiar a cualquier sospechoso. Estas medidas han generado protestas porque merman las garantías individuales. ¿Hasta qué punto es deseable sacrificar temporalmente las libertades en nombre de la seguridad?

MVLL: Es una situación muy compleja porque estamos en guerra. Es una guerra muy distinta a las anteriores, pero no por eso es menos real. Una situación de guerra siempre lleva a ciertas limitaciones de las garantías que ofrece una democracia y el gran reto es precisar cuál es ese límite. Pero debemos ser muy conscientes del riesgo que implica esa situación de guerra, en donde el miedo puede llevarnos a sacrificar una parte de esas garantías. Es una situación muy peligrosa porque implica la destrucción de uno de los logros más importantes de la civilización y eso es algo que es ya el comienzo de la dictadura. Todas las dictaduras suprimen las libertades individuales en nombre de la paz, el orden, la seguridad, la estabilidad, la protección de los ciudadanos.

RG: Me gustaría hablar del humor, que ha jugado un papel muy importante en este debate. *Charlie Hebdo* es un semanario humorístico y parte de lo que está en juego en estos momentos es el derecho a poderse reír de todo. También eso es parte de la democracia: la idea de que ninguna persona o idea puede estar a salvo de la risa, del humor, de la sátira.

PL: Sí, el humor ha tenido un papel muy importante incluso después de los atentados. Quisiera contar una anécdota. Después del ataque a *Charlie* me llevaron al hospital, me sedaron y entré al quirófano. Cuando me desperté sucedió algo muy curioso: me sentí muy tranquilo y me di cuenta de que ante tanta violencia la única respuesta posible era el humor, la curiosidad, la amistad y la ternura.

Diez días después de la primera operación, recibí la visita del presidente François Hollande. Lo recibí de pie y hablamos de una manera muy normal, muy habitual, casi como si se tratara de una charla casual. Le conté cómo había sido el ataque: yo hablaba con mucha tranquilidad, describiéndolo como si fuera una escena lejana, y trataba de mostrar la manera eficiente y absurda en que habían actuado los asesinos. En ese momento todavía tenía la quijada y los labios destruidos y estaba esforzándome mucho por hablar —por hablar y no babear—. Me sentí muy orgulloso, como un niño, al ver que lo estaba logrando: cada palabra bien dicha y medida nos daba a todos, en este cuarto, una cierta dignidad, un grado de civilización. Y mientras yo le contaba todo esto al presidente, las enfermeras hacían bromas y decían que yo era muy hablador, que en mi estado debía ser más discreto.

En ese momento me di cuenta de que estaba viviendo algo que los asesinos no podrían cambiar nunca: la manera en que los franceses sabemos reírnos de todo, incluso de las grandes tragedias. Mucha gente se imagina que las víctimas del terrorismo caímos en un infierno como el que pintó Hieronymus Bosch, pero la realidad fue muy distinta: caímos en un purgatorio en el que seguían existiendo el sentido del humor, la conversación, la delicadeza, la belleza.

Ese día yo no podía reírme, ni siquiera sonreír —por el estado de mi cuerpo—, pero para mí era muy importante hacer que los demás se rieran o por lo menos que sonrieran. Sentía que su sonrisa era un reflejo de la mía, como si la hubiera prestado, y que también era un acto de resistencia contra los que querían borrar las sonrisas de todos nuestros rostros.

Yo seguía de pie, frente al presidente, sosteniendo esa charla —y me esforzaba por ser tan civilizado como me lo permitieran mis labios—, acompañado de mi cirujana.

«No estamos aquí para llorar ni para lamentarnos», le dije al presidente con la mayor ligereza posible. Él esbozó una pequeña sonrisa, como si eso fuera obvio, y me respondió: «Sí. Todo esto tiene que ser vivido con dignidad». Mi cirujana estaba de pie y lo miraba con una sonrisa insolente.

El presidente pasó cuarenta minutos en mi habitación, hablando conmigo y con mi cirujana, que es una mujer joven, bella, inteligentísima, y que además de ser una excelente doctora tiene un gran sentido del humor. Hollande quedó seducido por ella —me di cuenta por cómo la miraba— y yo hubiera querido sonreír, pensando que incluso después de un atentado, en un cuarto de hospital, la seducción sigue siendo posible y que el presidente sigue siendo un hombre seductor.

Lo miré de nuevo: llevaba puesto un traje sencillo y elegante, y había algo en él que no se parecía a su imagen televisada. Meses después, me topé con él en un acto público. Enseguida me reconoció y se acercó. Me preguntó si estaba mejor y luego me dijo: «¿Y cómo está su cirujana? ¿Todavía la ve?», con una sonrisa en los labios. «Claro —le contesté—, y tengo que seguir viéndola durante mucho tiempo». Me miró y me dijo: «¡Qué suerte tiene usted!».

Cuando conté esta anécdota, algunos de mis amigos se mostraron indignados por la supuesta frivolidad del presidente. ¿Que no pensaba en otra cosa? No estoy de acuerdo con ellos. A mí me hizo mucha gracia que preguntara por mi cirujana. Así es la vida: alegre y llena de sorpresas. Pensé que estos amigos no piensan como novelistas. A mí me parecía lógico que al verme él recordara las dos cosas que más lo habían impresionado en ese cuarto de hospital: mi cuerpo y el cuerpo de mi cirujana. El herido, el saber y la belleza: todo unido y luchando para que esa persona que era yo en ese momento deje de ser víctima, para reconstruir y repararla. Eso es todo.

Yo desarrollé una relación muy importante con mi cirujana. A menudo hablábamos de literatura y de música. Le regalé las novelas de Raymond Chandler, porque ese escritor tiene mucho estilo y mucho humor, y también porque me hubiera gustado vivir estos meses como Philip Marlowe, aunque quizá sin tanto whisky. Ahora —diez meses después de los atentados— sigo en contacto con ella, no solamente porque ella pasó catorce horas seguidas operando mi cara y luego lo hizo muchas otras veces, sino porque es inteligente y fue ella la que hizo posible que yo viajara a Princeton para conversar con Mario Vargas Llosa. Hasta hoy he tenido trece operaciones y no he terminado. Faltan más intervenciones para reconstruir mi rostro y mi boca, que son actos de cirugía y de civilización. Y cuando recupere mi sonrisa, tendré el poder de hacer que los asesinos desaparezcan para siempre, como si estuviéramos en un cómic.

ESTUDIANTE: Quería preguntarle sobre cómo las respuestas a la violencia pueden generar, en algunos casos, formas de violencia simbólica. Pienso, por ejemplo, en cómo, después del 11 de septiembre, las agencias de inteligencia de los Estados Unidos han estado espiando las conversaciones de los ciudadanos.

PL: Éste es un momento muy emotivo en Francia porque queremos encontrar una manera de defender la libertad. La seguridad se ha vuelto un tema primordial, porque no podemos ni siquiera pensar en la libertad si no vivimos en un lugar seguro, amparados de la violencia. Y lo que quieren los terroristas es que dejemos de pensar. Es por eso que la primera respuesta del presidente francés —conmo la del presidente americano después del 11 de septiembre— fue incrementar la seguridad. Durante los cuatro meses y medio que pasé internado en el hospital, estuve bajo protección policial veinticuatro horas al día. Yo hablaba mucho con estos policías y algunos de ellos me decían que seguramente vendrían nuevos ataques y que no podían hacer nada para evitarlos, porque vivimos en un espacio de libertad donde la policía no puede arrestar a los sospechosos si no han cometido un crimen. En otras palabras: nuestras leyes solamente permiten arrestar a los terroristas cuando ya es demasiado tarde. Pero entonces: ¿qué podemos hacer? Es una cuestión muy, muy complicada. Es el problema del terrorismo. ¿Qué hacer cuando nuestra libertad, nuestro modo de vida, nuestros teléfonos celulares son lo que le permite al terrorista actuar en contra de nosotros y atentar contra nuestra sociedad? ¿Estamos dispuestos a poner límites a algunas de nuestras libertades? ¿Pero qué libertades estamos dispuestos a sacrificar, y quién se encarga de decidir y de controlar eso? ¿Estamos dispuestos a luchar? ¿Pero dónde, contra quién y con qué medios? Por supuesto que no me gustaría que nuestra libertad fuera limitada por lo que pasó, porque eso es exactamente lo que el terrorista quiere. No quiero sacrificar nuestras libertades por miedo. Los terroristas usan medios sangrientos para recordarnos que vivimos en un mundo imperfecto, y que la democracia implica elegir el menor de los males. Ellos quieren un mundo muy distinto, que para ellos es un mundo perfecto. Pero ese mundo tiene nombre y se llama el infierno.

MVLL: Una sociedad democrática debe defenderse contra el terrorismo sin ninguna duda. Los terroristas deben ser perseguidos, deben ser juzgados y castigados con las penas que contempla la ley para los crímenes que han cometido. También hay que tomar ciertas medidas que en tiempos de paz resultarían inaceptables pero que pasan a ser inevitables durante la guerra. Los países democráticos deben defenderse atacando las fuentes del terrorismo.

Eso es lo que está sucediendo ahora con el Estado Islámico, que es el territorio donde los terroristas son entrenados, preparados y armados. ¿Es legítimo que el mundo occidental ataque la fuente del terrorismo? Yo creo que sí. El Estado Islámico es la fuente de toda esta barbarie y los países occidentales deben atacar la raíz del terrorismo. Además, como dije antes, la gran mayoría de las víctimas del terrorismo son los musulmanes, así que librar al mundo del terrorismo mejoraría la vida de los musulmanes. Cuando vemos lo que está sucediendo en Irak, por ejemplo, miles y miles de iraquíes son asesinados cada semana por terroristas. El mundo occidental tiene la obligación moral de defenderse atacando la fuente del terrorismo, que en este caso es un lugar preciso. Sabemos dónde está, sabemos de dónde vienen los terroristas que tratan de destruir la civilización. Yo creo que si no nos defendemos de manera eficaz, el número de masacres se multiplicará y resultará en un escenario de violencia nunca visto en la historia, si consideramos las armas y la tecnología que existen hoy en día.

ESTUDIANTE: Siguiendo con el tema del Estado Islámico: ¿podría hablarnos de Siria y de la manera en que Europa, Estados Unidos y Rusia se han involucrado en esa guerra?

MVLL: Es una muy buena pregunta. Mi impresión es que el mundo occidental, en particular los Estados Unidos, se equivocó al no ayudar desde el inicio a la oposición que se rebeló contra Assad. Al principio fue una resistencia democrática, una revolución popular en contra de una dictadura brutal. El mundo occidental —con la excepción de Francia— cometió un gran error al no tomar parte en ese conflicto. Teníamos la obligación moral de ayudar a esos ciudadanos que querían transformar Siria en una sociedad democrática. Pero no lo hicimos y luego esos opositores fueron arrasados por los terroristas y el Estado Islámico pasó a ser el protagonista en la lucha contra Assad. Se ha creado una situación muy confusa en la que ahora Putin se perfila como el enemigo de los terroristas, aunque sabemos que Rusia tiene otros intereses. Putin quiere mantener a Assad en el poder para que Siria siga siendo un país subordinado de Rusia, en parte porque el gobierno sirio le ha comprado armas desde hace muchos años. Hemos llegado a una situación muy confusa en la que el mundo occidental tiene que decidir si termina aliándose con Putin, aunque Francia, Estados Unidos y Rusia tengan propósitos tan distintos en su lucha contra el Estado Islámico.

Mi impresión es que si creemos en la cultura de la libertad y en el extraordinario progreso que ha representado para los países democráticos, tenemos la obligación moral de ayudar a los movimientos o partidos políticos que buscan crear un sistema democrático como el nuestro en sus países. Es una manera de defender las instituciones de la civilización. Hay que decirlo: Assad es un dictador que viola, todos los días, los derechos de sus ciudadanos. Apoyar a los sirios que quieren la democracia es también una forma de luchar contra el terrorismo y promover los valores democráticos.

Pero podemos ser optimistas. Mi convicción es que el terrorismo islamista de hoy nunca ganará la guerra que le ha declarado a la civilización. Se trata de pequeñas minorías que son tan bárbaras, tan fanáticas, que siempre serán rechazadas por la mayoría de la sociedad, no sólo en los países occidentales, sino también en los países asiáticos y del Medio Oriente, que son los más afectados por el terrorismo islamista.

Historia y literatura

Comencé a enseñar literatura cuando era todavía estudiante, en 1955, en la Universidad de San Marcos. Estaba en el tercer año de Letras y el profesor de literatura peruana, Augusto Tamayo Vargas, me nombró su asistente. Me encargó dar aquella asignatura en un curso de verano que San Marcos ofrecía a estudiantes extranjeros, y, al año siguiente, debí dictar una hora de las tres que el profesor Tamayo Vargas dedicaba a su curso. Aunque tardaba mucho en preparar las clases y estas me sacaban canas verdes, desde el primer momento gocé dándolas. Por lo pronto, descubrí que la manera como se lee literatura para luego enseñarla es muy distinta de las lecturas que uno hace por el puro placer. Para enseñar lo que un libro de poemas, una novela o un ensayo contienen, hay que hacer una lectura mucho más racional y traducir en conceptos lo que son sensaciones y emociones. Pero, al mismo tiempo, esta lectura académica permite entender mejor la influencia que los buenos libros tienen en la vida, cómo gracias a ellos se llega a conocer mucho mejor el idioma en que uno se expresa y se aprende a hablar con más precisión, matizando mejor aquello que se quiere decir, a fantasear y a soñar, y moverse con facilidad en los mundos imaginarios.

Luego de aquella experiencia, enseñé muchos años en Inglaterra y en los Estados Unidos —aún lo sigo haciendo—, y siempre ha sido una aventura intelectual muy rica e instructiva, en la que he aprendido mucho sobre mi oficio de escritor y sobre la importancia fundamental que tienen los libros no solo en la formación cultural de las personas, sino, también, en lo que significa ser un ciudadano libre y responsable. Estoy convencido, por ejemplo, que el espíritu crítico, indispensable para el funcionamiento de una democracia, se forma y enriquece gracias a la literatura más que a cualquier otra disciplina.

Dictar este curso en Princeton junto a mi amigo Rubén Gallo fue un placer muy especial. El tema eran mis propias novelas, sobre todo aquellas que tenían un asiento histórico y un material político. Nos dividimos el trabajo de una manera complementaria. Yo hablaba como autor y él como crítico. Eran dos perspectivas en las que yo explicaba las fuentes que me habían servido para escribir aquellas historias, las libertades que me había tomado frente a los hechos y personajes reales, y Rubén, a su vez, señalaba la significación que aquellas novelas podían tener desde que entraban en contacto con los lectores y pasaban a vivir una vida totalmente independiente de su autor. La intervención de los alumnos era de primer orden. No solo habían leído las novelas con rigor sino, además, habían revisado los manuscritos y notas que fui tomando mientras las escribía, que se encuentran en los archivos de Princeton. Para mí fue una sorpresa encontrarme a menudo con exposiciones en las que los alumnos sabían mucho más que yo mismo sobre el proceso de elaboración de mis ficciones y estaban mejor preparados que yo para discriminar lo que había en ellas de verdad histórica y de fabulación literaria.

Los cursos en Princeton son pequeños, generalmente de un máximo de veinte alumnos inscritos y dos o tres oyentes, de manera que todos participan de modo muy activo. Buena parte de las clases son diálogos en los que los alumnos tienen una función tan creativa como la del propio profesor. No exagero un ápice si digo que en estas clases he aprendido yo más sobre mi propia obra que los mismos estudiantes que asistieron a ellas.

Tengo que señalar de manera muy significativa el admirable trabajo que ha llevado a cabo Rubén Gallo en este libro. Él da un testimonio muy fiel del contenido de aquel curso, de las ideas y debates que lo constituyeron, y, al mismo tiempo, ha hecho un trabajo muy inventivo y personal. Quizás lo más valioso de esta compilación sea el orden tan estricto con que está organizado el material de trabajo. La realidad fue mucho más desordenada y caótica, pero él ha sabido extraer de ella lo más importante y darle la forma de unos ensayos que se van sucediendo de una manera armoniosa y necesaria, iluminando cada una de las historias con un material anecdótico y artesanal que enriquece extraordinariamente la comprensión de las novelas y su contexto histórico. De este modo, el libro va revelando en toda su complejidad y matices esas relaciones curiosas que hay entre la literatura y la historia. Aunque, a menudo, aquella se aparta de los hechos tal como ocurrieron y los recorta o extiende para darles mayor emoción, estas infidelidades en vez de distorsionar los hechos históricos los destacan en lo que hay en ellos de más intenso y significativo, haciendo que los lectores vivan la historia junto con sus protagonistas. Hacer «vivir la historia» no es algo que consigan siempre los mejores historiadores, a menudo estratificados por la abundancia de materiales con los que deben documentar sus relaciones e informaciones. Por eso, tal vez, las batallas napoleónicas en Rusia nos parecen más auténticas cuando las describe Tolstoi en *La guerra y la paz* y la batalla de Waterloo cuando la refiere Victor Hugo en *Los Miserables*, que cuando la relatan, con rigor documental, los buenos historiadores. Sin estos últimos, los novelistas no hubieran podido valerse de la historia como un alimento de la fantasía, pero es posible que sin los tratamientos que han dado los novelistas a la historia, los personajes y los hechos históricos no tendrían la vitalidad y la presencia que tienen en la vida de las naciones.

Mario Vargas Llosa
Madrid, 6 de julio de 2017

Agradecimientos

Agradecemos a los estudiantes de Princeton que participaron en nuestro seminario durante el semestre de otoño de 2015: Alexandra Aparicio, Kyle Berlin, Pablo Gutiérrez, Marlis Hinckley, Ben Hummel, Erin Lynch, Emilio Moreno, Victoria Navarro, Diego Negrón-Reichard, Lara Norgaard, Jennifer Shyue, Jorge Silva Tapia, Arón Villarreal, Diego Vives y Charlotte Williams. Gracias también al doctor Miguel Caballero, que en 2005 estaba cursando el doctorado en Princeton y ejerció como asistente de cátedra en el seminario «Literatura y política en la obra de Mario Vargas Llosa».

Este libro se terminó
de imprimir en
Móstoles, Madrid,
en el mes de
agosto de 2017